余白あります

「都会にはない田舎の良さを発信しよう」
実は、この本にも、この町にも人にも、
そういう「気負い」のようなものがあまりない。
苦手なところであり、良いところでもある。

ただこの町には、
暮らしている人々が記したくなる日々があった。
ふらりと訪れた旅人が、誰かに伝えたくなる物語があった。
思わずカメラのシャッターを切ってしまう風景があった。

理屈ではなく、「心の動いた瞬間」を集めたこの本は
町の日常の欠片であり、誰かのアルバムであり、旅の記憶であり
決意表明であり、人生の1ページであり、タイムカプセルであり
飾ることができない、この町の「今」の記録である。

もくじ

旅の記憶 1

飾らない、変わらない。

きらく食堂
加藤初枝さん、大谷ひろきさん

ひと目で分かるほど出汁が染み込んだおでんは、はじめて食べたとは思えない懐かしい味。両側では燗をつけることもできる。冬場以外も食べることのできる、きらく食堂の名物の一つ。

凝ったことはできない、しない。「これ」と決めたことを一つ一つ。

”間違いない店“感

この町に来た時に必ず行く店がある。決してわかりやすい場所ではないのに、お昼時には行列ができることもある。【きらく食堂】には地元から県内外まで多くのファンがいる。”オムライス、ラーメン、ぶた汁、おでん…“メニューはとてもシンプルで、数が多いわけでもないのに毎回選ぶのに苦労する。店の佇まい、壁に貼られた手書きのメニュー、使い込まれた厨房、全てから”間違いなく美味しい店感“が漂っていて、あれこれ食べてみたくなるのだ。

カウンターの中では、料理をつくる加藤初枝さんと、お皿のセットや配膳をする大谷ひろきさんの、母娘二人が手際よく働いていた。娘のひろきさんは、高校から町を離れ、その後広島へ行った後、この町へ帰りお店を手伝っている。「一人っ子だったから、親のそばにいないと思って」。そう言うひろきさんの横で、「どっちが面倒をみてることやら」と微笑みながら初枝さんがツッコむ。

バス停から食堂へ

きらく食堂は創業63年目。最初は数m先の角地でバス停として、切符、生菓子、うどんなどを販売していた。以前は国道で車も多く、当時はとても賑わっていたという。今の場所に移店してきたのがおよそ40年前。食堂になってからメニューがほとんど変わっていないというから驚きだ。オムライスに素うどん、ぶた汁は今のように酒粕をつかわず、もっとシンプルな味噌汁だった。ちょうど

ラーメンが流行りだした時代で、ラーメン屋のないこの町で喜ばれたそうだ。やや細めのストレート麺は、何十年も変わらず同じ麺屋さんから仕入れている。ラーメンは今も名物で、もう一つの名物ぶた汁とともに、いつも私を悩ませてくる。冬場にはそこに最強カード〝おでん〟が加わり、毎回お腹がはちきれそうになるのだ。

変えない、変わらない

残業の時にきらく食堂の出前が届くと〝みんなのやる気が倍増する〟といわれるほど、地元でも愛されている。2階で宴会をしていた時代もあったが、1階の食堂に目が届かなくなるのでやめたという。お客さんは地元の常連から県外まで様々で、リピーターも多い。「同じものを、ずっと同じ作り方で、メニューもほとんど変えないです。一つのものをピッと決めて、ちゃんとつくるのがいいなと思って」。穏やかな言葉の中に、初枝さんのプロの顔がのぞく。同じ料理をつくり続けていることで、味がどんどん極められているからだろうか。定番なのに他にはないこの店の味が、定期的に恋しくなってしまうのだ。

食堂の名物「ぶた汁」は野菜と酒粕がたっぷりで体の芯からホカホカに。おかずにもなるためごはんとぶた汁だけでも大満足。懐かしいのに他には無いおいしさで、リピーターが多い一品。

一人ひとりと向き合う

いい匂いに我慢できず、悩んだ末にぶた汁とごはん、おでんの大根を注文する。酒粕を使ったぶた汁は体の芯からほかほかしてきてじんわりと汗が出てきた。中から出汁が出ているのかな？　と思うほど味がしみしみの大根に箸を入れる。「お店を他の場所でしたいとか、大きくしたいと思ったことはないですか？」。お酒を飲みたい気持ちに必死で蓋をしながら聞いた。「大きくしたら目が届かなくなるから、これくらいがちょうどいいんです。せっかく来てくれた人は一人ひとり大事にしたいからね。あとこの町の人たちは人情味があっていいんですよ」。二人は答えた。

愛される理由

全方位から見える厨房は、どんなに注文がたてこんでもいつも片付いている。それぞれの道具や調味料が、ちゃんと自分の場所で出番を待っている感じだ。古くてもとても美しく気持ちよく、長い年月大事にされてきたことが分かる。「ここにいる時間はせいいっぱいのおもてなしをしたい。味だけじゃなくそういう雰囲気をつくることも大切だと、ずっと変わらず思ってます」。初枝さんの言葉はどれも飾らず優しい。一つのお店が半世紀以上愛され続けることは簡単なことではないけれど、やるべきはいたってシンプルなことなのだと、この食堂が教えてくれた。

自然に、自然と。

白井自然農園

白井隆弘さん 稚子さん

山の中の農園

車から降りるとひんやりとした空気が頬にふれた。標高５００ｍ〜６００ｍの山腹にある白井自然農園。棚田だった場所を２０１８年に大阪から移住してきた白井隆弘さん、稚子さんご夫妻が手入れし、3枚の畑と1枚の田んぼに。平飼いのニワトリやサツマイモ、自家用の野菜やお米を育てている。

この農園の基本は自然農。農薬や化学肥料を使わないだけでなく、育て方もできるかぎり自然の摂理を大切にしている。2枚の畑でおよそ１ｔ収穫されるサツマイモは、本来あたたかい場所での育成が適しているとされ、ビニールマルチが使用されることが多い。地温も高くなり草も生えにくくなるが、白井さんは使わない。この地ならではの昼夜の寒暖差と、三瓶山域のミネラル豊富な土、草は土を豊かにしてくれる。寒冷地でゆっくりと育つサツマイモは、収穫量は少なくともとろける甘さが人気だ。

種をつなぐ

少量多品目の野菜を育てる畑と田んぼは稚子さんの担当。最初に元田んぼを畑にして以降〝耕さない畑〟だと言う。土を大きく動かさないため、場所によって野菜の育ちが違う。おいしい野菜やお米づくりを極めたいですか？　と聞くと首をふり「いただいた野菜の種や苗が、ここではどう育つかな？　と、実験している感じ。きっと私は〝種をつなぐこと〟が楽しいんです」と微笑んだ。

「育てる」というより、
自然の流れを「見守る」ように。

私たちの選択

畑の横にある隆弘さんお手製の鶏舎は、日当たり良し、風通し良し、景色良しの優良物件。ここで暮らすニワトリたちは少しのんびり屋で、美しい桜色の卵を生む。地域の出荷されないお米や、農産物加工場から豆腐をつくるときにでるおからなど、捨てられていたはずのものが立派なエサになっている。

白井さんはヒヨコを購入せず、卵から孵《かえ》し育てる。孵《ふ》卵場《らんじょう》では主にメスが販売され、オスは生まれてまもなく殺処分される。その良し悪し云々ではなく、隆弘さんはその事実を「無視できなくなった」と言う。孵卵器《ふらんき》と抱《ほう》卵期《らんき》に入った育ての親鶏が卵をあたためる。メスもオスも同じように育て、メスからは卵を、オスはいずれ肉としていただく。最期も誰かに任せず自分たちの手で絞める。「どうせ殺すなら一緒と思う人もいるかもしれませんが、僕たちの選択です」。穏やかで強いその言葉を、あれからずっと反芻している。

土を掻き、陽をあびて、野をかける。いずれいただく命でも、ニワトリにはニワトリらしく生きてほしい。それは白井自然農園の一つの選択なのかもしれない。「夕方には鶏舎の外で自由に散歩させます。僕が育てるミニトマトはほとんどニワトリたちの食べ放題ですよ」そう話す隆弘さんはなんだか嬉しそうだ。

裏の小山からみた家と畑と鶏舎。陽あたりがよく風も抜け、ニワトリたちがのびのびと駆け回る。まわりは山に囲まれ見える範囲には民家がなく、冬は雪にすっぽりと覆われ、美しい白銀の世界が広がる。

場所と生き方

大阪の介護施設で働いていた隆弘さんは認知症の人のための園芸療法との出会いから、京都に住んでいた稚子さんは社会の中で生きづらさを感じていた時に体験した農作業から、それぞれの場所で農業と出会う。結婚を機に稚子さんの生まれ故郷への移住を決意し、大阪で開催された移住フェアでたまたま案内されたのがこの町だった。「近くに家がなくて、目の前に畑があって、山の水を一番最初に使える場所」。空き家バンクの写真と間取りだけの少ない情報をもとに、Google Mapを駆使して自分たちで理想の場所を見つけ出した。「最初に来た時、猪の親子がいました。でも住みだしたらいなくなった。『また人間が来たか』と思ったのかな」。野良猫でも見かけたくらいのテンションで隆弘さんは語る。

流されず、流れるように

2022年の6月、隆弘さんは3年間働いていた中山間地域研究センターを退職した。「これからはニワトリと畑のことをゆっくりとやっていけたら。バイトかなにかしてるかもですが」と穏やかに笑う。移住や農業への方向転換など、大きな変化があるにも関わらず、これまでの経緯から今の暮らしまで、2人は流れるように自然で気負わず、無理がない。住む場所も生き方も自分たちで選ぶからこそ、過酷な冬も農業の難しさも「楽しいですよ」と笑えるのかもしれない。

小さな大物。

活動写真弁士
澤田煌明さん

本当に中学生？

「わざわざ遠いところまでありがとうございます。今日はよろしくお願いします」。まっすぐこちらの目を見ながら45度のお辞儀をする彼につられ、あわててお辞儀をする。ビジネスシーンあるあるだが一つ違うのは、相手が中学2年生の14歳だということ。年相応の少年らしい見た目と裏腹に、入社5年目の中堅社員のようなこなれ感がある。澤田煌明くんは地元の中学に通うごく普通の学生で、野球部員で、四人兄妹の長男で、そして活動写真弁士（以下：活弁士）だ。

活動写真弁士

活弁士とは簡単にいうと、無声映画（活動写真）に傍らで説明やセリフをつける人。現代でいう解説者やナレーター、アフレコなどの前身に近い。映画に音声がつくと共に徐々に活弁士は減った。澤田くんは中学生活弁士として各地で活弁を披露している。澤田くんが活弁と出会ったのは小学4年生の頃。町の文化や歴史にふれる授業で、地元の活弁士・吉岡長太郎氏が撮った映像に合わせた、同じく地元の景山良一さんの活弁を見たこと。澤田くんは感動し、授業の後すぐに景山さんの元へ向かった。

俺の活弁

弟子入り後初の一人舞台袖で緊張を隠せなかった澤田くんに、景山さんは「無理だったら台本みてもいいよ」

中学生、野球部員、
四人兄妹の長男、活弁士。

友達とふざけたりはしゃいだりしている時は無邪気な14歳。澤田くん（右から3番目）のまわりはいつも賑やか。カメラを向けると少し照れながら、みんな眩しい笑顔を見せてくれた。

と手を差し伸べた。ずらりと並ぶ文字を見て「読むだけなら普通だ。俺なりの活弁でいいんじゃないか？」澤田くんはそっと台本を閉じる。その後のことはあまり覚えていない。場の空気に合わせつつ、ただ夢中に。気づいた時は会場が大きな拍手に包まれていた。「煌明くんすごいね、アドリブなんて！」景山さんに言われてはじめて〝アドリブ〟という言葉を知った。

地元だけでなく様々な場所で活弁をするようになった澤田くんだが、100点の活弁ができたのは一度だけ。それは学校の文化祭だった。ニヤニヤ顔の男子たち、いつも「デリカシーがない」と言ってくる女子たち、先生たち。知った顔ばかりが見守る中、緊張はマックスに高まっているのになぜか調子がいい。理由は「みんなが笑っているのが見えるから」だった。

澤田くんは坂本頼光氏の【雄呂血《おろち》】という活弁が忘れられない。2時間半一人で演じる、女役、男役、老人役、その表現力。坂本氏の世界観に圧倒された。澤田くんはいつか「俺なりの雄呂血をしたい」と言う。

ネタも訓練も日常の中で

例えば年配のお客さんには昔の歴史、同世代には流行りのアニメ、地元の人には地元あるあるなど、澤田くんは客層を見てその場でネタを決める。「練習もネタ探しも普段の生活の中でします。お金もかからないし」。飄々《ひょうひょう》と彼は言う。野球、兄弟喧嘩、友達の笑い方、先生の癖。彼からすると日常は活弁のネタであふれていた。

14歳に学ぶ

嫌になる日とかない？ と聞くと「それを言ったらおしまいだと思ってます。わざわざ来てくれている人がそこにいるので。反省は家に帰って一人ですればいいです」そうきっぱりと言って、「ダメな時もあるけど、まだ意志が変わらないのは『文化を受け継ぎたい』っていう原動力があるからです」とはにかんだ。まだ見習いだと言うが、向き合い方がすでにプロ。澤田師匠と呼びたくなってきた。

四つの幸せ

「いろんな国や町へ行ってみたい。山育ちだから釣りもしたい」。無邪気な中学生の顔。「魚とのかけひきも活弁のネタになりそう」。またすぐ活弁士の顔。彼が人気なのは〝中学生が活弁をしている〟というキャッチーさではなく、単純に人として活弁士として魅力的だからだと気づく。彼が中学生でも、50歳でも、80歳でも、きっと人を惹きつけるのだろう。澤田くんには、澤田家恒例の家族会議で決めた芸名がある。活弁士・澤田四幸。四人兄妹、四つの幸せの意味。サインをもらうとかわいいスマイルマークがついていた。こういうところは無邪気な中学生だ。彼の名が世界に広がった時、このサインを自慢しよう。

大事なのは田舎か都会かじゃなく
自分の楽しみを知っているかどうか。

愛車に乗って

そのヒーローは箱型のスカイライン・通称"ハコスカ"に乗ってあらわれた。田園風景に意外なほど映えるカクカクとした車体。エンジンも色も自分でカスタムしたもの。今はもう解散してしまったご当地ヒーロー"おしごと戦隊イソガシンジャー"の"畳イエロー"こと櫻井正成さん。この町唯一の畳屋の3代目だ。高校卒業後に他の仕事に就いていたが、家業を継ぐため広島の畳屋で修業をした後、故郷にもどってきた。

世を忍ぶ、仮の姿

櫻井さんには畳イエローと畳屋の他にも仮の姿がいくつもある。ある時は新聞配達員、あるときはALSOKの警備員、あるときは消防団員、あるときは社会人野球チームのピッチャー、あるときはスカイライン愛好会メンバー。消防団では"誰よりも早く現場にかけつける男"で知られる。ある火事の現場に逸早く駆けつけた櫻井さんが、雪と凍結で脱輪した自分の車を消防車など後からくる車の邪魔にならないように「とりあえず畑に落としといた」という豪快エピソードは有名だ。現場にかけつけた人々は、火事の前に畑に落とされた車をみて驚いたという。さらに新聞配達で町を隅々まで知り尽くしているため、ちょっとした変化にも気づきやすく防犯推進委員として活動もしているという。現実でも町を守るヒーローだ！　と言うと「そんな大それたもんじゃない（笑）」。櫻井さんに笑われた。

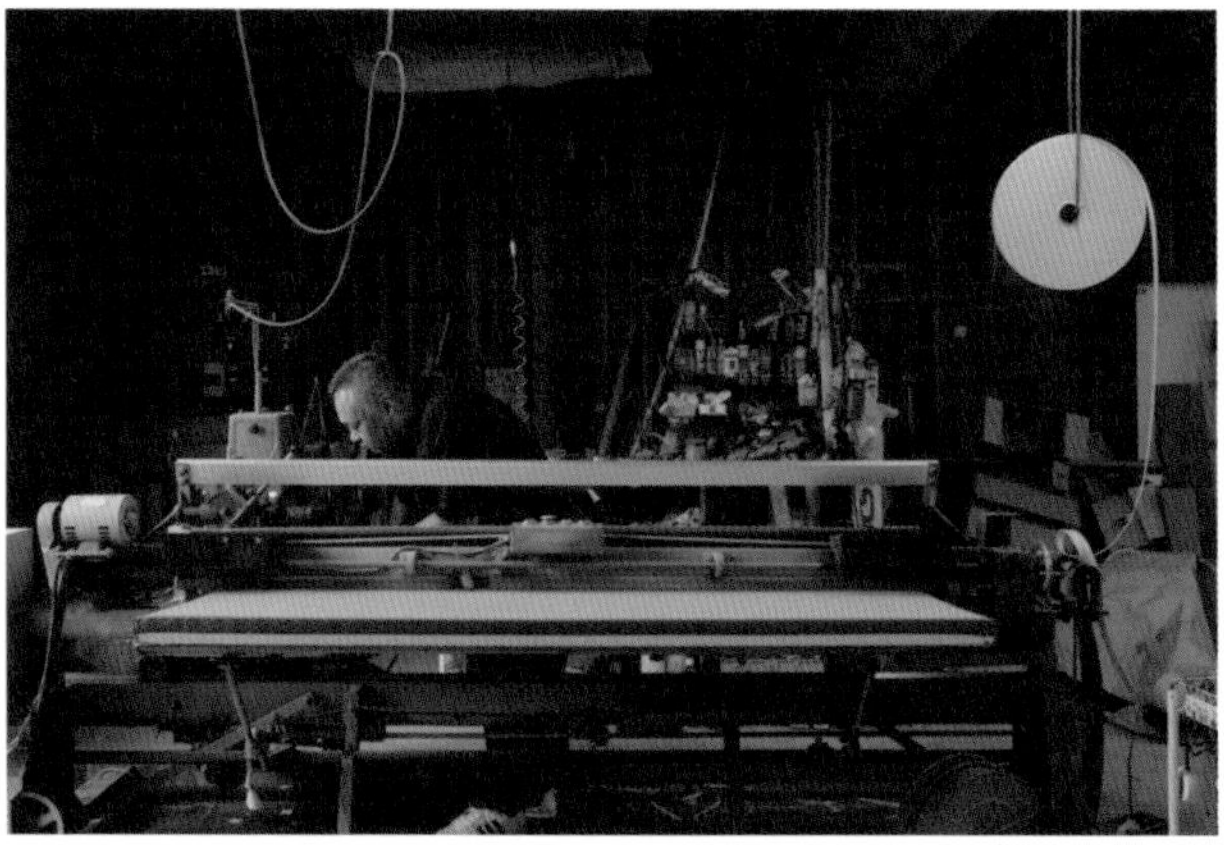

田舎は退屈？

櫻井畳店

櫻井正成さん

Skyline

緑の田園風景の中、愛車にのってご機嫌のヒーロー。好きなことを話しているときは自然と笑顔があふれてくる。田んぼの中を走り抜けると、木々の香りと気持ち良い風が車内を抜ける。

ヒーローの休日

これだけ色んな役をこなしていたらさぞ忙しくて、趣味や遊びに使う自由な時間がないのでは？ と思ったが、櫻井さんには野球と車という趣味があった。下は高校を卒業した18歳から上は還暦近くまで、社会人が集まる野球チームがこの町には4〜5チームある。〝とんばらリーグ〟なるリーグ戦が行われ、櫻井さんはピッチャーを任されているという。チーム名は〝ノイズ〟。「野次やらなんやら口ばっかり達者でうるさいチームだから」と櫻井さんは笑う。ちなみにノイズの練習方法はというと、作戦会議と称してお酒を飲み、美味しいものを食べることだそうだ。「自分は酒は飲めんけど、こういうのが楽しい」と櫻井さん。

　もう一つの趣味、車の話になると、櫻井さんは目の輝きが増した。櫻井さんは同じくスカイラインに魅せられた人たちの集う町外のクラブ2つに所属している。「燃料食うし、エアコンないし、ハンドルが重いし、全く快適じゃないんよね」車への知識がほとんどない私には理解し難く頭に〝？？〟が浮かんだが、「でも、惚れたけん買った」という言葉にグッときた。休日には愛車のハコスカとともにドライブへ繰り出す。先日は櫻井さんがイベントを企画し、この町に珍しい貴重な車がゾロゾロ集結したという。好きなことでつながる縁は町も県も越えていく。「この町は自然が多くて景色がいいし、車が少ない。自転車、バイク、車にとって最高だよ」。櫻井さんは少年のように話す。

ひとつにならなくてもいい

　仕事に趣味に、地域に密着したり外へ飛び出したり、町のことを中から外から見ている櫻井さん。大きくわけて5つの地域からなるこの町について聞いてみると「地域によっていろんな個性や人間性がある。魅力もそれぞれ違う。違いや個性があるのは悪いことじゃないけんね。無理にまとまらんでもいいと思う」と、少し予想外の答えが返ってきた。一つになるのもいいことだけど、いろんな個性があることもまた、いいことなのだ。

　なぜ町のためにいろんな役目を引き受けることができるんですか？ と聞いてみる。櫻井さんには昔からなぜかそうゆう役がまわってくることが多いと言う。「んー…ただその役が回ってきたのでやってるだけ」。櫻井さんは当たり前のように答えた後「あ、あとヒーローだから（笑）」と付け加えた。

あるものを生かし、ないものをつくる。

cafe＆gallary 鐘や

オーナー　八嶋敏江さん

いい違和感

大通りからひとつ入った静かな通りを歩いていると、突如かっこいい建物が現れ、思わず二度見をする。【cafe & gallery 鐘や】はその名の通り、カフェとギャラリーが併設されたお店。およそ築108年の旅館を改装した佇まい、インテリア、小物に至るまで、すべてにセンスが光る。町並みとのいい意味でのギャップに少し戸惑いながら、吸い込まれるように中に入った。店内

日が暮れて明かりが灯る鐘や。大通りから一本入った通りはお店も少ないため、鐘やから溢れる光にほっとする。下校途中の生徒たちがふらりと立ち寄れる場所を目指している。

は壁だけを抜いて窓や枠組みなどはほとんど昔のまま。今ではつくれない建築様式の窓や、色鮮やかな鯉が泳ぐ中庭の池、吊り行灯の廊下、随所に旅館の頃の面影が残る。空間をさりげなく彩る山野草は、お向かいさんが近くで摘んできて生けてくれるという。

大切な風景

子どもの頃から登下校で毎日この場所を通っていたオーナーの八嶋敏江さんにとって、ここは大切な思い出の一部だった。元々看護師をしていた八嶋さんだが、数年前にこの建物を管理する人がいなくなったと聞き、まわりにすすめられる形で、あれよあれよとこの店を始めることになった。〝始めることになった〟と簡単に言ったものの、そこに至るまでもその後も、様々な問題とたくさんの人の協力があった。「昔からお店をやりたかったわけでもなくて、ただこの場所を残したかったんです」。八嶋さんは言う。だからまず、この場所を生かす方法を考えた。そこで浮かんだのが〝中高生のための食堂〟だった。

中高生食堂

八嶋さんはよく、近くの学習塾を通りかかる時にカップラーメンやパンを食べる生徒を見かけていた。「あたたかいものを食べさせてあげたい」。常々感じていたその想いを形にしようと決める。近所の人や、古くからのこだわりのインテリアや家具で設えた店内で、地元のお母さんたちが作るあたたかいご飯を食べる生徒たち。落ち着いた空間でおしゃべりにも花が咲く。

他愛もないおしゃべりと
あたたかいご飯を、今日も。

友人も手を挙げてくれた。できるだけ生徒の負担にならずに、安く、食べごたえも栄養もあるものを提供したい。クラウドファンディングで資金を集め、中高生はほぼ半額以下の200円で食べられるようにした。カップラーメンや菓子パンを買うくらいの金額におさめたいとの想いからだ。しかしその資金が無くなった後に、どう続けていくかをみんなで模索しているという。

いろいろカレー、なんでも丼

メニューはみんなで考える。カレーライス、麻婆丼、親子丼、オムライスなど、中高生にはたまらないラインナップ。地元でとれた野菜をいただいたり持ち寄ったりすることもあるため、具はその日によって変わる。あまり凝ったものや、材料費が極端にかかるものはつくれない。お母さんがつくる家のご飯そのものだ。「よく見ると普通は入らない野菜が入ってたりしますよ」。八嶋さんは楽しそうに話す。昔、実家の水炊きにブロッコリーが入っていて驚いたことを思い出した。

芸術を日常に

食堂や廊下、トイレ前の手洗い場にまで、いたるところにアート作品が飾ってある。建物と現代アートが、まるでそれ用に設えたかのように調和している。息子さん夫婦が画家であることもあり「町に日常的に本物のアートにふれられるような場所を」との思いからギャラリースペースも設けた。ひときわ異彩を放つサボテン、アンティークの椅子、美しい食器も、息子さん夫婦がセレクト。来た人に細部まで楽しんで欲しいからこそのこだわりだ。「芸術だけでなく、違った考え方や価値観にふれることのできる場所になればと思います」と八嶋さん。

点と点

自己表現のためではなく、この場所が好きだった。そこに人や課題や縁が集まり、点と点がつながるように鐘やができた。「新しい挑戦が楽なわけはないから、覚悟は決めてました。それでもやっぱり大変ですね。私がバカだからできたのかも(笑)。まわりの人たちがいてこそです」。八嶋さんは終始、まわりへの感謝を口にする。けれど、点も人もタイミングも、きっとふさわしい人のところにしか集まってこない。小さな町であるほど人と違う挑戦には勇気がいるが、それでも失いたくないものがここにあったのだ。鐘やのこと、この町のことをたくさんの人に伝えよう。頼まれてもいない使命感を感じながら、一人熱くなって店を後にした。

描くことは、
想うこと。

絵本作家

かげやままきさん

タイムスリップ

子どもの頃の記憶が、ふとした拍子に鮮明に浮かぶことがある。帽子のついた大きなどんぐりを〝王様どんぐり〟と呼んでいたこと、お母さんと蕗《ふき》の薹《とう》やつくしをとったあぜ道、大事に育てていたおたまじゃくしに足が生えた時の戸惑い。思い出すたびに懐かしく、少しせつない気持ちになる。かげやまきさんの描く世界には、そんな子どもの頃にタイムスリップさせる力があるように思う。自然をモチーフにしたかわいらしい絵柄や、物語のやさしさもあるが、なんだかそれだけではない気がする。以前、地の食材をふんだんに使った薬膳料理のレストランで、ふいに手にとったのがかげやまさんの絵本だった。はじめて見る本なのに開くごとに懐かしく、まるで擦り切れるまで読んだお気に入りの絵本のようだった。

季節のしらせ

この町に生まれ育ったかげやまさんは、高校を卒業後、東京にあるデザインの専門学校へ。グラフィックデザインを学ぶ中でイラストにも興味をもつようになった。後に、イラストの展示をみた出版社の人に声をかけられたことをきっかけに絵本を出版することになる。現在は自分の作品である絵本だけでなく、依頼を受けて挿絵やイラストマップなども作成している。絵の題材は山野草や虫、動物などが多い。ゆたかな自然に囲まれるこの町で、自分で感じたことを絵にするのがかげやまさん流。「生き物から季節を感じることが好きです」と微笑む。

観察好き

かげやまさんの描く絵には、主役となる虫や動物の周りに、必ずといっていいほどたくさんの山野草がある。花びらの絶妙な色合い、葉脈の流れ、木の実の熟れた風合い。本当にそこにある世界を見てきたような繊細な描写で、本のすみずみまで図鑑を見るように楽しめるのも魅力の一つだと思う。それもこれも、かげやまさんの〝観察好き〟が為せる技だった。「なんでもよく観察するのが好きなんです。わからないと描けないし、考えられなくて。だからよく目にして観察できる山野草や虫は描きやすくて、動物はちょっと難しい」とかげやまさんは言う。

絵以外にも興味のあることを聞くと少し考えてから「木のことをもっと知りたいです」と答えた。家の木が茂り、手入れが必要になったとき、木のことを知らないとどこを切ればいいのかすらわからない。そこで知人に剪定を頼みその様子を見ていると、ただ切るだけでなくしっかりと木への愛情を感じたという。知ることではじ

知らないから観察する。
知るから、描きたくなる。

細部まで一つひとつ筆で色をつける。よく見ると葉の一枚一枚色合いや木の実の形が違ったりと、細かな部分まで命が吹き込まれている。

めて、向き合うことができると感じてから、身近にある木をもっと知りたいと考えるようになった。今は絵の仕事の他に、木工のワークショップも行っている。

やさしさとつよさ

かげやまさんの世界が生まれるのは、木々に囲まれたアトリエ。木で作ったおもちゃや絵の具、描きかけの絵、光の差し込む窓は額縁で、そこから見える風景は季節で移り変わる絵画のように見えた。今でこそ自然を描くかげやまさんだが、もとから自然への興味があったわけではなく、東京へ出てイラストを描きだしてから、自然やふるさとのことへ目がいくようになったという。

「草も木も、放っておくとどんどん荒れてしまいます。美しい田畑や木々も、地域の人たちが草刈りをしているし、誰かが剪定をしている。その大変さも見えるようになりました。自然ってキレイで癒やされるだけのものではないですから」。自然の美しさも強さも怖さも、暮らしの中で感じ、興味をもち、観察し、自分の中で本質を理解した上で絵にする。それでだろうか、かげやまさんの絵は一つひとつが丁寧で細やかなだけでなく、描く対象に対しての敬意やおもいやりや愛のようなものが溢れていて、〝やさしい〟〝かわいい〟という言葉には収まらない、命の強さのようなものを感じるのだ。

遊ぶように生きる。

信藤一郎さん

自慢の秘密基地ガレージには、絵や写真、山登りグッズや無線機、「もらいものだ」という本物の車まで、自由気ままに集めた宝物が大集合している。

遊びの達人

信藤一郎さんと初めて出会ってから、7年ぶりの再会。「久しぶりだね。あら、そんな顔だったかいな?」。第一声は整形疑惑をかけられて幕を開けた。変わらない姿、飄々とした声と表情。会う人が親戚のように感じてしまうのは、信藤さんの特殊能力だと思う。信藤さんといえば町のことを知り尽くす遊びの達人。信藤流の年齢で言うところの73・8歳になった今も、変わらず元気に山のガイドやツアーをしていると聞き嬉しくなった。雪深いこの地域には"雪庇《せっぴ》"という自然現象がある。雪の積もった山頂などに、風が一方向から吹き付けることでできる雪の塊のことで、そこに登るツアーもしている。「最近はあんまりできてないけどね。草刈りばっかりで。今朝も3時間ほど栗林を草刈りしてきた」と信藤さん。そういえば家の前のバケツに立派な栗がゴロゴロと溢れていた。

子どもと遊ぶ

「イガ栗の枝を5本ほど保育所にも持っていったよ」

信藤さんは週に1回学童保育の手伝いをしている。川、山、雪や木を刈ってつくった展望台。そこら中にある遊び場に子どもたちを連れて行く。「川遊びの時に裸足を怖がって泣く子もおるよ。でもだんだん慣れて、しまいには水をかけてくる」。「今どきの子はって言うけど、きっかけが無いだけで、いつの時代も子どもは子ども」。自由なようで、信藤さんは時々ハッとすることを言う。

集まれる場所

地域のおばあさん達が集まる"サロン"の送迎も信藤さんの担当。4地区に住むおばあさん達を朝から迎えにいき近くの温泉の一番風呂へ。血圧を計り、コーヒーを飲み、一緒に遊んでお弁当を食べ、最後にスーパーで買い物をしてもらった後、おばあさんたちをまた家へ送っていく。隣人の顔が見えない町ではできない贅沢なフルコース。お年寄りが町に出て互いに顔を見せ合うことができる仕組みに感動した。この町に元気なお年寄りが多いのはそのせいなのかもしれない。

がんばりま、せん

信藤さんは12の地区の自治区長も担っている。一体、一人でいくつの役割を担うつもりなのか。空き家や一人住まいの家などを分かる範囲でまとめたマップは、10年先にこの町がどうなっているかの予想図みたいなものだと言う。「今約120戸あるうち、どれだけの家が残るか。後を継ぐ人がいないからね」。珍しく少し表情が曇って見えた。過疎という問題を信藤さんがどう考えているのか聞いてみると「あくまでも僕の考えだけども」と前置きしてから「根本的には子どもが増えないと変わらない。子どもを育てたいと思う地域をつくらないとね。そのためには、そこに住んでる人たちやコミュニティが魅力的じゃないといと思うよ」。飄々と語るのを聞いて、またハッとした。ひょっとして、学童保育の見守りも、お年寄りのサロンも、"人が住みたくなる魅力的なまちづくり"を意識してやっているのでは…勝手に想像した男気に感動しながら聞いてみると「いや特に意識してない。がんばらず自然にやってる」とサラリとかわされた。そこが信藤さんのすごいところだ。

秘密基地へようこそ

遠くからリンリンと音が近づく。この地域の小学生はみんな熊よけ用の"熊鈴"なるものをつけている。「帰ってきたな」。信藤さんは家から出て下校する小学生に声をかける。これも信藤さんの日常の一コマだ。見送った後ガレージという名の秘密基地へ。「これは小学校が廃校になる時にもらったやつ。これは豪雪のときの写真のネガ。上にスロットもあるよ」。屋根裏にまで及ぶ宝の山を一つひとつ自慢している時が、やはりいちばん生き生きしている。自分のこと、町のこと、遊ぶこと、やるべきこと。信藤さんにとってはざっくりすべて同じ"やりたいこと"で、全部ひっくるめて楽しんでいるように見えてしまうのだ。

続けるコツは楽しむこと。
楽しむコツは少年であること。

夫婦の形。

吾郷芳徳さん
弘子さん

ウェルカムソング

「今日はこんなところまで来てくれて。御礼に歌わせてください」

弘子さんはそう言うとすっと立って目線を上げ、賛美歌を歌い始めた。人が来ると感謝の気持ちを込めて歌うのだという。歌の御礼は初めてで、つい正座になる。小柄な体のどこから出ているのだろう？　と思うほどよく通る歌声に弘子さんの気持ちを感じ、家に来て5分でさっそく目頭が熱くなった。雪深いこの町の中でも、吾郷家があるのはさらに山が近く【町の北海道】とも呼ばれる地域。家の前に流れる川に手を入れると、夏にも関わらずキリッとした冷たさを感じた。

無我夢中で働く

吾郷夫妻は芳徳さん88歳、弘子さん87歳。ともに9人兄弟で育ち、弘子さんは26歳のときに嫁いできた。「ひ孫が8人おります。まぁ大変大変」と笑う。芳徳さんは緑側の窓を全開にして、青々とした田んぼを眺めながらの昼食。弘子さん手作りの卵焼きと塩鮭、自家製のお漬物がなんとも美味しそう。

違うくらいが
ちょうどいい。

とにかく働き者で、若い頃から山で林業に携わってきた。雪で仕事がなくなる冬季は岡山や大阪へ出稼ぎに行くことも。ワイヤーが目に刺さったり足を大怪我したりと、人生と心身を仕事に捧げるように働いてきた芳徳さん。「おじいさんがだいぶよぅ働いてくれたおかげで」。弘子さんは会話の端々で感謝を口にする。弘子さんは中学卒業後、集団就職で愛知県安城の紡績工場へ。「朝8時のサイレンで100機が一気に動き出すんです。少しでも織り機が止まってたら見回りの人に笛で注意されてね」。昨日のことのように眉をひそめた。

楽しみはどこにいてもつくれる

「山の中だから、たまに町におりて行くサロン（町のお年寄りが集まってお茶を飲んだり趣味を楽しんだりする会）は思い切り楽しむんです。雪はすごいけど、溶けた後に咲く花がなんと美しいことか。人に会うことが少ないからこそ、ポストに手紙が入っていると嬉しいものですよ。時間がある時は好きな詩や般若心経を筆で書いたりね。楽しみはどこにいても自分でつくらんと」。若い頃の話、双子の牛が産まれた話、縁側からみえる山の美しさ、猪に困ってる話、大阪や熊本の人との文通の話。弘子さんは人と話すことが大好きで、だからこそ話すのが上手。弘子さんがみてきたものが目に浮かぶ。

「はい、次はおじいさんおしゃべりください」。口数の少ない芳徳さんへ突然のバトンタッチ。「母にいつも『お前はとろくて泣き虫だから、山の中で暮らすのがちょうどいい』と言われてました。おじいさんはせっかちでしゃんしゃんしてる。反対なんです。神様はよく見てる」。バトンはまだまだ渡りそうになく、芳徳さんもそれを〝いつものこと〟のように、聞いたり聞いていなかったりするのが心地良い。

似てない者夫婦

畑でとれたみょうがでつくった甘酢漬けをつつきながら、お昼ごはんを食べる二人を眺めていると、正反対の夫婦だな、と感じる。背の高い芳徳さん、ちょこんと小柄

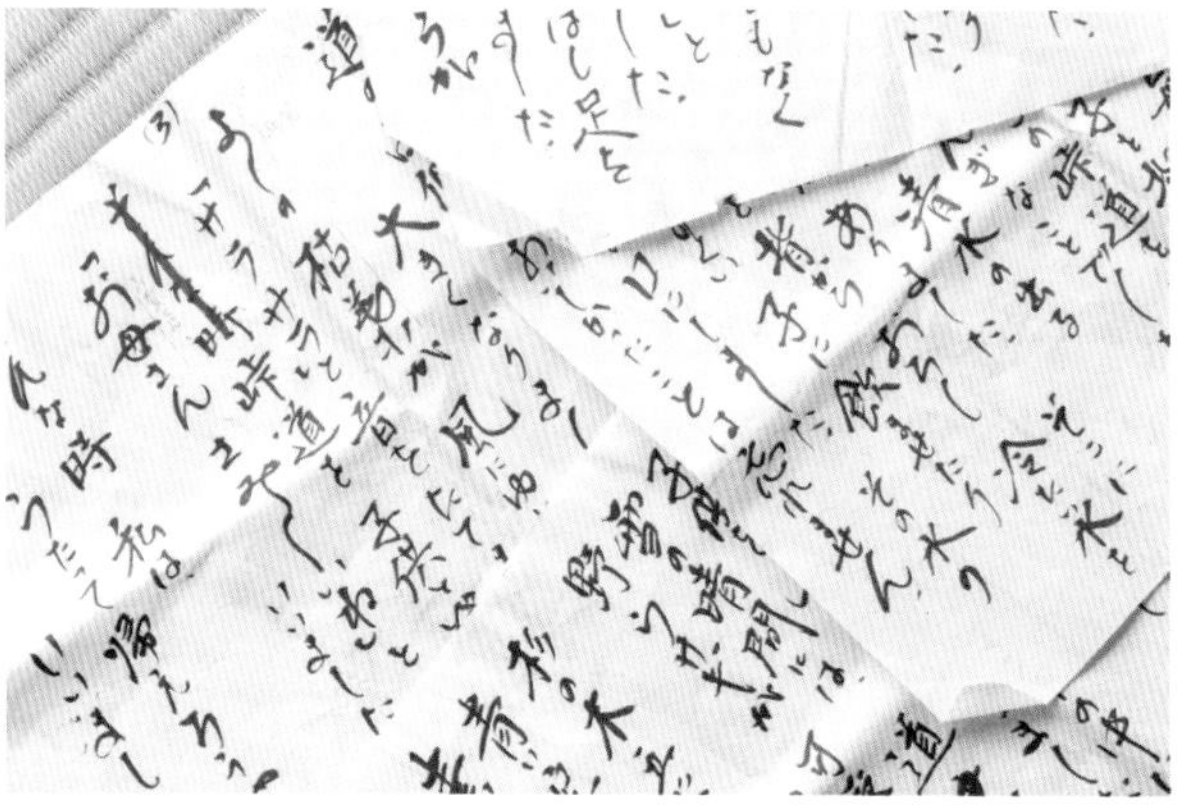

字を書くのが好きな弘子さんは、手紙や歌、般若心経などを筆で書くのが趣味。
畑で採れたり、もらったりする野菜は、自家製のお漬物にしていただく。

な弘子さん。口数が少なく仕事一貫で生きてきた芳徳さん、お話が大好きで明るく多趣味な弘子さん。乗り物が苦手で旅行が嫌いな芳徳さん、いろんなところに行ってみたい弘子さん。「お二人は真逆なのに仲良しですね」と言うと「夫婦は陰と陽くらいがちょうどいい」と弘子さん。「一緒に何かしなくても、それぞれ好きなことすればいい」。聞いたことのある言葉も、夫婦歴61年の大先輩がいうと説得力が違う。二人はいつもお互いの髪の毛を切り合っている。「床屋にはいつから行ってないだろうかね」。芳徳さんは頷きで返事をする。

冬を楽しみ、春を待つ

冬がくるとこの家は真っ白な景色にすっぽりと包まれる。寒さもすさまじいだろう。高齢の二人の体が心配になったが、すぐにその考えは消えた。きっと二人はそんなことよりも、除雪車のありがたさに手を合わせたり、毎晩の晩酌を冬仕様で楽しんだり、雪の溶けた山にこぶしの花が咲き始めるのを心待ちにするのだろう。「みょうが持ってかえる？暑いけんお茶も飲んで」。こちらが逆に心配されながら家を後にする。振り返るといつまでも見送る弘子さんが見えた。

2

町の記録

ここは、島根県飯石郡飯南町。

周囲を1,000m級の山々にぐるりと囲まれ、平坦地といえども標高は約450mにもなる中国山地の高原地帯。神在月になると、出雲大社へ向かう神々の一行は、町の中央に位置する琴引山を目印に、まず飯南の地に降り立つという。そして出雲大社神楽殿に飾られる日本最大級のしめ縄を作っているのもまた、ここ飯南町なのだ。

元気なお年寄りから、かっこいいおじさん、頼もしい若者までいて、なんだかみんな楽しそう。ここから先は、そんな飯南町で見つけた、ちょっと気になるあれこれをご紹介。どうぞゆっくりしていってください。

1

クレヨンで描く暮らしの絵日記

3歳の娘と手を繋ぎ、のんびりと近所を散歩する。空、山、田の鮮やかな景色を家に帰ったらクレヨンで描いてみようと娘と会話する。きらきらと光る川面に魚を見つけ、橋の上から二人で覗き込む。

帰り道に「トマトは好き?」と近所の方から声を掛けていただき、家庭菜園の収穫体験が始まる。近所の方の「おかわりはいる?」との問いに、もぎたてのミニトマトを口いっぱいにし、恥ずかしがり屋な娘は私の陰から顔を出し頷く。

ある日「とうさんとってー!」との叫び声に駆け寄ると、部屋に迷い込んだコオロギを目の前にして固まる娘。父は点数を稼ごうと、ここぞとばかりに張り切り捕獲する。夜になるとアマガエルが光に集まる虫を食べようと窓ガラスに張り付く。「名前はどうしよう?」と聞くと娘は迷わず「カエルちゃーん」と答え、小刻みに喉を震わす様子をじーっと観察する。

条件が揃う夜は、玄関先が星に包まれた空間に変わる。そんな時は娘と一緒に視界いっぱいに広がる星を仰ぎ見る。人工衛星を娘が「ひこうきー」と指差す。

私は2022年に家族で飯南町へやってきました。豊かな自然と生き物が子どもに色々な世界を教えてくれ、近所の方が自然と声を掛けてくれるような、飯南町の暮らしそのものに、他では得難い魅力を感じています。暮らしの中でどのような風景と出会えるか、飯南町はそんな期待を感じさせてくれる場所です。

writer 二階堂 了麻

広島県に生まれ、地方と都市で暮らしていました。家族との時間をより充実させたいと思い、2022年に妻と娘(3歳)の家族で飯南町にやってきました。

2

森の絹、食べてみて！

森の恵みによる豊かな土地で生産されたミネラル豊富な高糖度の飯南町のサツマイモ「森の絹」は、栽培期間中の畑では無農薬・有機肥料にこだわって栽培されており、人気です。

農薬を使わないと聞くと身体にいいように思いますが、実際育てるのは大変な作業です。作物を畑に植えた瞬間から、畑は勿論、畑のまわりにも薬剤が一切使えなくなります。土がふかふかになるように、畑を何度も耕します。一度や二度、畑を耕しただけでは土が団子の様に固まったままなので、私達が想像する土にするには、何度も耕さなければいけないのです。肥料を混ぜ込み、畝を作り、雑草が生えにくいようマルチを巻き、やっと作物を植えます。

しかし、当たり前ですが雑草も肥料で元気になるため、ぐんぐん伸びます。サツマイモよりも成長がはやく、小さなうちに対処しないと、サツマイモは小さいまま、雑草に埋もれてしまいます。暑いを通り越して痛い陽射しも、雑草にとっては元気のもと。汗を尋常じゃないほどかきながら、まだ生えるか？　もう出てこんでいいよ！　なんて雑草に話しかけてしまうほど、雑草に向き合っています。

とても心の踊るサツマイモの収穫時期は、秋。

大好きな焼き芋が食べられると思うと、今までの苦労も吹き飛びます。

サツマイモは、収穫してすぐに食べる印象があるかもしれませんが、1か月以上熟成させると旨味の増す作物なんです。なのに、寒さに弱いので、保管庫の中で腐ってしまう事も。

ひと月熟成させたのち、じっくりと焼き上げ、真空パックして、冷凍します。カロリーの心配も少なく、お腹に優しい冷凍焼き芋「森の絹」を、是非どうぞ！

writer 藤谷 さゆり
サツマイモの収穫を1時間手伝う毎に1kg持って帰れるイベントへ参加した事がきっかけで、現在、飯南町でさつまいも関連の協力隊をしています。

3

しめ縄作りの歴史と心『大しめなわ創作館』

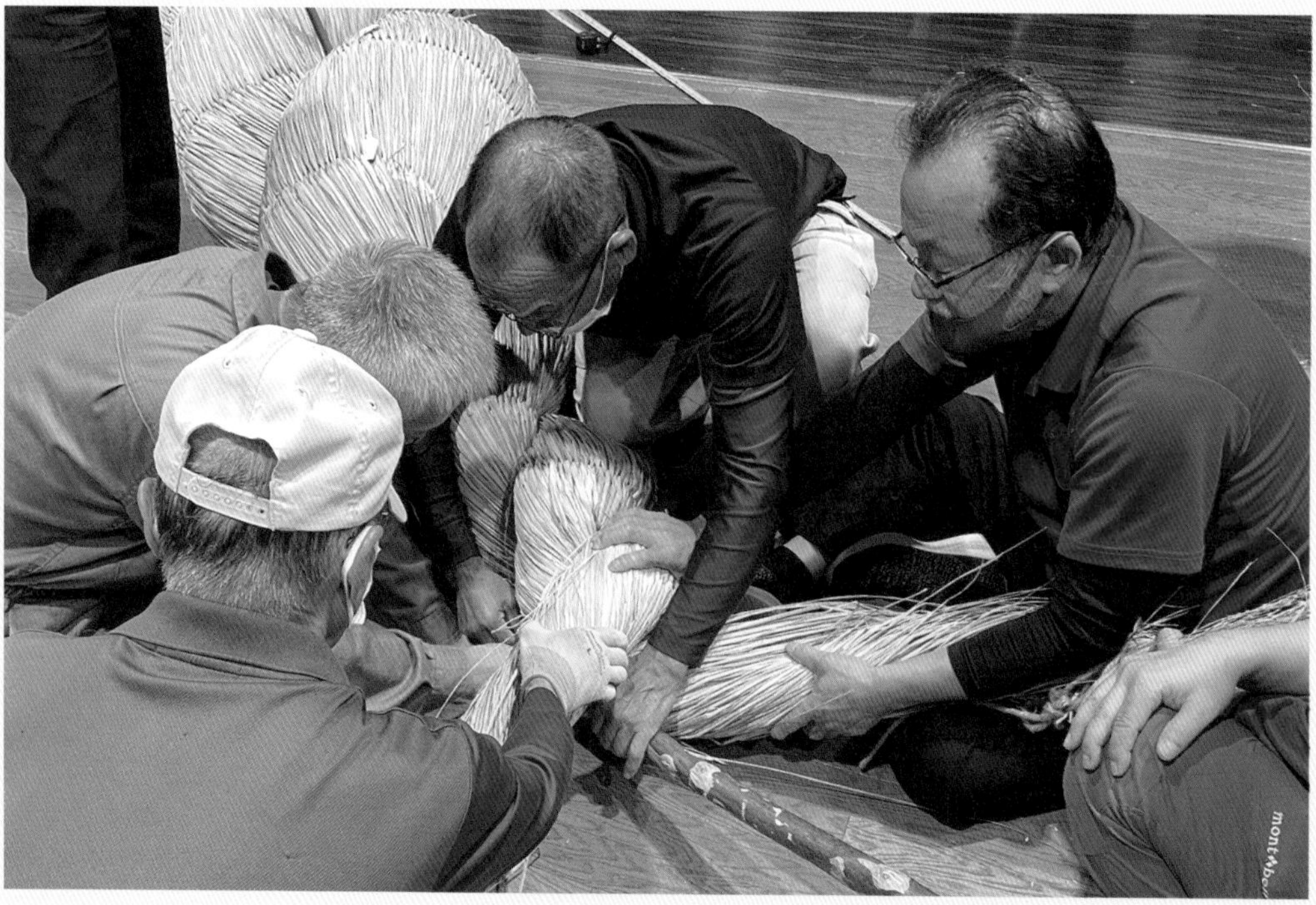

飯南町の北、道の駅頓原の隣にある「大しめなわ創作館」。

ここは飯南町に伝わる大しめ縄づくりの伝統を後世に残すために建てられた、しめ縄を作っている工房兼、観光施設です。出雲大社神楽殿の大しめ縄をはじめ、全国各地の神社のしめ縄、贈答用の工芸しめ縄などを一年中製作しており、その大きさに関わらず全て手作業で職人たちが作っています。

飯南町では、現代まで受け継がれてきた大しめ縄作りの技術を次世代へ残していくため、2014年に大しめなわ創作館を開館しました。

島根県内にはしめ縄を製作する団体は複数ありますが、製作中の様子を年中見学できるところは少ないです。県外の人からは「初めてしめ縄を作っているところ見た」「珍しい！」と喜ばれています。しかも、ここで国内最大級の大しめ縄を作っていると伝えると、更に驚かれます。

飯南町では昔から米作りが盛んで、かつ冬期は雪に閉ざされる環境も相まって、冬仕事にわら細工やわら民芸を作る文化がありました。また、過去には町内に出雲大社の分院があったこともあり、昭和30年代ころから大しめ縄を作っていました。米を作り、わらで工芸品を作る――その技術は親から子、子から孫と代々受け継がれていきました。

　2020年には島根県ふるさと伝統工芸品に指定され、島根の郷土と県民の暮らしの中で育まれ受け継がれてきた誇るべき伝統工芸品として認定されました。

　そもそもしめ縄とは、一説では神と人の世界の境界に取り付けられるものであり、氏子衆が自分たちで収穫したわらでしめ縄を作り、五穀豊穣や祈りを込めて氏神の神社に奉納するものといわれています。稲作が機械化した現代では材料となる稲わらが手に入りづらくなり、また、縄綯《なわな》いの技術を持つ作り手が高齢化し減っていったことから製作方法が失伝していくのを多く聞きます。

　職人たちが自分たちでわらを作り、一本一本手で選別し、手作業でしめ縄を編み上げていく姿は、昔も今も変わりません。

　その姿は、飯南町で暮らしてきた人たちの歴史と文化が今に繋がり、残ってきた証です。飯南町のしめ縄作りの技術は、これからも失われることなく、昔の人達の意思や願いを込めて、次の世代へと繋がっていくのです。

writer 古賀 崇真子

飯南町地域おこし協力隊OG（大しめ縄の技術伝承・PR担当）。佐賀県出身のIターン者、趣味は御朱印集め。2020年春に飯南町へ移住し、しめ縄職人として日々技術を磨いています。

4

希少な生き物たちに囲まれた暮らし

雪どけした野山には春の風に誘われてたくさんの花が咲き、多くの昆虫が顔を出し始めた。

ふと庭の木に目をやると、半透明の羽を持つ美しい蝶ウスバシロチョウが飛んでいた。移住してきた私は目が釘付けになった。初めて見た美しい蝶。思わず携帯で撮影。それから私の生き物を愛でる生活が始まった。

我が家の裏手には山の湧水が流れ込む小さな池がある。ここは地区の人々が古代蓮を育てるため、草刈りや泥掃除をして守っていて、多くの水生生物・植物が生息している。春にはモリアオガエルの卵が見つかる。ゲンゴロウやアカハライモリが顔を出す。夏にはミズオオバコが咲く。近くの川で蛍が舞い、コロコロというカジカガエルの美しい声が聞こえる。

出合った生き物たちを調べていると、飯南町には他県では見ることができなくなった絶滅危惧種や準絶滅危惧種が多く生息していることに驚いた。希少な生き物は環境が悪化するとすぐに絶滅してしまう。

なぜ飯南町には生息しているのだろう。ある時近所の農家の方が「農薬をたくさん使わないようにしているんだよ。人間にも生き物にもよくないからね。除草剤をまくんじゃなくて草刈りすればいい。蛍が死なないようにね。」と言っていた。

夜の灯りが少なく水もきれいな飯南町は生き物にとっては最高の環境だ。この環境、生き物たちを大切にしたい。

飯南町を散歩しよう。きっと様々な生き物たちに出合えると思う。ただ生き物たちは「採らない」で「撮って」。そっと見てほしい。

writer 前田 由香里

飯南町の生き物と星空に魅了され横浜から移住。暇なときは生き物探し、夜は星空を眺める日々を送っている。「すべての生き物と共存し豊かな自然の中で暮らす」が夢。

5

今も続く山碕さんの思い

「これからは女性が活躍できることを考えんといけんでぇ。女性のパワーはすごいけぇのぅ」と、地元独特の方言で30年以上も前に話していたのは、のちに飯南町長となる山碕英樹さん。Uターンしてきた私は、この方とともに数年間仕事をしていたことがあります。

当時、飯南町ならではの自然環境と女性の感性を、まちづくりに生かせないかと考えていた山碕さんは、おし花とフラワーアレンジメントの教室を企画しました。すると定員がすぐに埋まるほどの反響で、「これが今、この町の女性たちの求めているものだ」と気づかれたそうです。参加者は「道端の身近にある草花で素敵な作品ができうれしい」「楽しみが増えました」と、きらきら目を輝かせていました。

町長となった山碕さんは、恵まれた自然環境と農林業を基盤に、環境、健康、交流を結びつける「道の駅」や「森林セラピー」など、飯南町の良さと人とのつながりを大切に独自の取り組みを進めました。

2022年5月「飯南の輝く女性展」が松江市で開催されました。飯南町に来てもらうこと、住んでもらうことに結び付けたいと、町長を退任された山碕さんが実行委員長となり企画された展覧会です。日本画・水彩画・おし花額など50点以上の作品が、それぞれに存在感を出し展示されていました。参加者の中には、今でも当時のおし花を30年近く続けておられる方々もいました。

「地域のこと、農業のこと、やりたいことがたくさんあるけぇのぅ」と語る山碕さん。今も変わらず飯南町の活性化に情熱を燃やす山碕さんの姿に、元気をもらっています。

writer 松平 ひとみ
標高500m越えの見晴らしの良いところに住んでいます。おし花やフラワーアレンジメントに出会ったことで、その価値を知り生活の中に活かしていく楽しさを感じています。

6

ようこそ！ かむくらの宴へ

観客席の照明が落とされた。観衆のざわめきは、潮が引くように次第に小さくなって、ついに静寂が訪れる。舞台を照らすスポットライトは、色とりどりの紙垂《しで》で装飾された天蓋《てんがい》の下、結界が張られた聖なる空間を照らし出す。上手《かみて》には烏帽子《えぼし》を被り狩衣姿《かりぎぬすがた》の囃子方《はやしかた》が、銘銘《めいめい》の鳴り物を前に静かに端座《たんざ》している。

開演時間だ。凛《りん》とした笛の音を皮切りに大太鼓、小太鼓、手打鉦《てうちがね》が重なり軽快な八調子のリズムを刻み始める。するりと舞台中央の割り幕が開き、煌《きら》びやかな舞衣《まいい》を纏《まと》った武者が現れ口上を述べる。平清盛の甥、平教経《のりつね》だ。壇之浦《だんのうら》で源義経《みなもとのよしつね》を追い詰めた平家の猛将。このとき義経が這《ほ》う這《ほ》うの体で逃げ出す様《さま》は、「義経の八艘飛《はっそうと》び」として名高い。その壇之浦の戦の直前、絶望的な戦況の中、最後の闘いのときが近づいている。教経は愛する妻子を呼び、生き延びて平家の命脈《めいみゃく》を繋ぐよう説得、自らは死地へと向かう。その後は教経の壮絶な討ち死に、落ち延びた息子による大蛇《おろち》退治、源氏の追っ手との死闘など見せ場の連続。この演目は創作神楽だ。

神楽団の大蛇。日本有数の全長を誇る。なんと一人で操る。

地元の集落に伝わる、平家の落人伝説に着想を得ている。「飯南神楽《かぐら》団」独自の演目である。

神楽団の練習は原則週2日、夜8時から。

伝説が伝わる奥山の集落からほど近い山里、廃校となって久しい小学校の体育館で行なわれる。仕事や家事を終えて集まった団員を前に団長は言う。「趣味でやっているとはいえ、公演の際は観客からお金を貰うのだから、その期待に応える演技をしなければいけない」。そして若手の所作を丁寧に指導する。キメの作り方、静から動への動き。弓など小物を持つ際の手首の角度まで。確かに指導を受けた若手は見違えるようにカッコ良く舞えるようになる。囃子方も場面転換での呼吸を繰り返し練習している。裏方担当も幕引きのタイミングを確認する。また、一つの演目では裏方や囃子方を担当する者が、別の演目では舞手を務めるなど、演目や人繰りに応じて臨機応変に役割を熟《こな》さなければならない。神楽団全員で一つの舞台を作り上げるのだ。そして地元のみならず各地で催される公演では、観客も掛け声、拍手を通じてその舞台を盛り上げていく。

次の公演が楽しみだ。太鼓の繋ぎの呼吸や幕引きの間合いはどうかな。舞《まい》手《て》の弓を持つ角度にも注目しよう。そして周りの観客と一緒に盛り上がろう。何しろ神楽の起源は、神と人が共に楽しむ宴の場なのだから。

高校生の演じた羅生門のワンシーン。鬼達が武将を踏みつけ勝ち誇る。

集落の入道神社。左脇に入道の墓もある。

writer 前田 弘人

飯南町で生まれ高校まで過ごした後、上京し就職。都市銀行で30年間勤務し地元にUターン。面白がって生きていくことを目指す。

7

好きこそ物の上手なれ
～30年以上続くしめ縄づくり～

新しい年を気持ちよく迎えるために準備するもののひとつとして、しめ縄があります。そんなしめ縄を長年、公民館や学校で教え、伝統文化を継承するひとりとしてご活躍されている藤原恒夫さんになぜこれまで続けてこられたのか聞きました。

今から30年前、藤原さんは近所の方の代わりにしめ縄の材料である藁を受け取る手伝いをしました。数日後、その藁で作られたしめ縄とともに「やってみいや」というお誘いに、「やってみよーかい！」と返事。一握りの藁をもらった日からしめ縄とともに歩む人生が始まったそうです。

9月から12月の間は「仕事場」となる縁側に座る時間が多くなります。藁を仕分けし、編んで、絡めて、留めて、飾りをつけて。たくさんの藁と向き合い、一つの作業に一日かかることもあります。先の長い作業に対しては「好きでないとねぇー、続けられんし、身につかん。公民館や学校も任せてくれるから、よーし！ きたきた！ と思って勢いをつけてやっている。仕方ないなぁ、しんどいと思う姿勢ではなかなか様にならん」と語ります。

ご自宅には多くのしめ縄や竹細工などの作品がたくさん飾られていました。ご自宅以外には飯南町役場、赤名公民館、福島邸（赤名地区）など、町の各所で見ることができます。

好きだからこそ長年続けることができ、好きだからこそ工夫でき、好きだから楽しめる！ 明るい人柄で、好きなことを楽しそうに続けている姿に誰もが癒されています。

writer 大上 祥子
2021年に飯南町へUターン。好きなことや日々の暮らしをSNSで発信し始めたことがきっかけで、より飯南町での田舎暮らしを楽しもう！　と思うようになりました。

8

85才の現役農家の田原哲子さん

野菜作りに50年以上励んでこられた田原哲子さん。

約30年前、学校給食で地産地消の動きが広まったころのことです。役場から地元農家へ出荷の呼びかけが始まりました。さらに、保育所でも同様の動きが広がり、田原さんは数人の仲間とともに、給食部会として出荷を請け負うことになりました。

収穫前に出荷を請け負うことは責任が伴い大変なことですが、田原さんは地域の子どもたちの喜ぶ姿を想像して、野菜づくりに励んでおられます。

また、田原さんが地域の集まりに参加すると、必ず野菜作りの話になります。「もう種まいた?」とか「苗植えた?」という話題になると「余った苗あげるよ!」「できた野菜あげるよ!」と惜しげもなく地域のみんなに野菜を分け与えてくれることも。

田原さんの家の前の畑に並ぶ見事な野菜は、見る人にパワーと元気を与えます。息子さん達が「あんまり頑張りすぎないで!」と声をかけると「畑で死ねたら本望だよ!」と笑う田原さん。また、できた野菜は余っても決して無駄にはしない野菜への愛があります。

同窓会で会った友達や元気をなくした友達に、手作りの保存食や野菜など、どこにも売ってない自慢の故郷小包を届けて元気付けたりする田原さん。たくましさとやさしさに誰もが心を打たれます。「野菜づくりの影には、おじいちゃんの功績も大きいよ! 記事にはそれも入れて欲しいな!」そう笑う田原さんの息子さん。

今、素敵で元気な田原さんがあるのは、その根底に夫婦で同じ目標に向かって歩んでこられた夫婦愛が、人への愛、野菜への愛と深まっていったからだと感じます。米も野菜も花もブランド力のあるこの飯南町で生きるなら、なんとなく暮らすのではなく、やりたいことや志を持ち、「求めてここに生きている」と思いながら暮らす人が増えてほしいです。

嬉しそうに話してくれた田原さん（写真右）

writer 門所 詠子

定年まで町内で勤め、退職後、米作りや野菜づくりをしてきました。野菜づくりと田舎の良さを孫に伝えることが生きがいです。

9

地域への恩返しを掲げた野球部の奮闘記

第104回全国高校野球選手権島根大会。飯南高校野球部の甲子園への挑戦は、あと一歩のところで阻まれた。

「地域の皆さんを甲子園に連れていくことができず、申し訳ないです」。

決勝戦後、石田主将の最初の一言は、試合の感想でも、仲間への言葉でもなく、地域の方々に対しての思いだった。

飯南高校野球部は、もともと軟式野球部。町民の強い思いにより、1994年6月に、軟式野球部から硬式野球部へ移行して設立された。

地域の方々が奔走してくださったからこそ、野球部は甲子園を目指して活動することができている。地域の期待に応えられなかったという思いがあふれ出たのだ。

対外試合に赴く際には、土日にもかかわらず、地元のバス会社の運転手がバスで送迎。合宿はスキー場付近の宿泊施設にお世話になる。練習後にマネージャーが作ってくれるおにぎりは、地域で育てた飯南米。

このようなチームは見たことがない。

私も高校球児だったが、地域の方々といえば学校付近の方々。町民が学校に掛け合って硬式野球部を設立した経緯も含

め、町全体が野球部を応援していることに大変驚いた。

　思い描いた高校野球ではなかった。石田主将らの高校入学と同時に新型コロナウイルスが蔓延。自粛を強いられても、前を向いて練習に打ち込めたのは、甲子園へ挑戦すらできなかった先輩たちを見たからだ。

「3年生が、悔しさを抑えて僕たち後輩を励ましてくれました。その姿をカッコいいと思ったところから、僕の中で高校野球が始まった気がします」。

　石田主将はそうふり返る。

　このような地域やOBからの応援に、何らかの形で応えたいと、彼らは感じた。

　そこで始めたのが、町のゴミ拾い。週に1度、朝練習の時間を活用し、通学路と学校周辺のゴミを拾う。中には、川まで下りてペットボトルを拾った選手も。この活動中にも、地域の方々から、温かい感謝の言葉をかけられ、胸がいっぱいになった。

　地域への小さな恩返しが、逆に選手たちの背中を押してくれた。島根県大会では、幾多の逆転劇をみせ、「ミラクル飯南」と呼ばれた。部員21名の公立高校の諦めないプレーは、多くの人々の心を震わせた。

「地域の皆さんを甲子園に連れていくことができず、申し訳ないです」。

　石田主将のことばとは裏腹に、地元から駆けつけた大応援団から鳴りやまない拍手が。町には「祝　飯南高校野球部　準優勝」のポスター。悲願の甲子園出場は果たせなかったが、確実に町民に元気をもたらした。

　取材の最後、石田主将に「2年半の高校野球を一言で表すと？」と聞いた。

「雲外蒼天って言葉知ってますか？」

　調べると、〈どんな試練でも、努力して乗り越えれば快い青空が望める〉と書いてあった。コロナ禍にも屈せずに走り抜けた先には、青い空が広がっていた。そして、彼らの悲願と町民の夢は、その先に続いていく。

writer 永瀬　友真

島根県松江市出身。地域おこし協力隊として飯南町に移住。飯南高校魅力化に携わったり、野菜を栽培したり…。飯南生活は楽しい。

10

理想の暮らしを叶える移住と、紡いできた想い。

ひと

一度離れるも再び選んだ「衣」の仕事

出雲市で育った幼少期、可愛い服が好きで自分で作れたらいいな、と思ったことから「衣」の仕事に興味を持った山本かおりさん。専門学校卒業後、受注縫製や縫製企画の企業に勤めていたが、移住前は別の仕事をしていた。飯南町への移住を機に再び「衣」の仕事を選び、現在は飯南町内で「Aoi needle work」として起業。主な仕事はオーダースーツ事業、服のお直し、着物などのリメイク、草木染。多くの仕事を飯南町で行うが、一部を県外の職人に依頼するなどし、仕事の幅を広げている。

飯南町との懸け橋となった出来事

今から約5年前、大阪で夜遅くまで働き親子の時間を作れていないことに悩むことがあり移住フェアに参加した。最初は出身である出雲市へのUターンを考えてのことだった。その時、熱心な役場担当者に「資料だけでも」とごっそり渡された。何気なく目を通したときに地域おこし協力隊の募集があり、後日相談。理想とする暮らしや仕事のビジョンなど丁寧な聞き取りにより飯南町でならできるかも、と感じた。必ず移住、すぐ移住というほど強い思いではなかったが、飯南町との出会いは「つかまないといけない話」に感じたそうだ。

人との関わりで学んだ「焦らない」柔軟さ

最初の3年間は、地域おこし協力隊として活動する中で起業の準備もしていた。草木染も準備の一つ。ブルーベリーや飯南町では身近な花であるポピー、コスモスを使って染めている。たくさんの実や花があまり活用されていないことに「もったいない」と感じたことがきっかけだった。取り組む中で「染まった！うれしい！」という感動もあったが、半年後には色が抜けてしまうものもあり、草木染で商品を作ることの大変さを実感したという。また、布や植物などの資源も限られている中での作業は一日でできることではなく、悩むこともあったそう。しかし、草木染の話を地域の方とする中で、変化も良いことに思えたり、植物は毎年咲き、実ると思えたり、人生は長いから焦らなくていいと感じることができた。時にはお金と時間を無駄にしていないかと思うことがあるが、仕事にもつながることを体感

する中で、理想とする暮らしが飯南で叶えられる感覚も増したという。

活動を通して伝えたい、この地にある魅力と可能性

一度島根を離れ、大阪で様々な経験をした結果、目先にとらわれず、自身や住む街を俯瞰することができる山本さん。田舎に住む人は「つまらない」「何もできない」と考える人も少なくない。都会に憧れ離れてしまうこともある。だがその地に眠る可能性と機会は年齢関係なく作り出せる。可能性はその地に住む、その地に関わる人次第。山本さんは自身の活動の中でそういった点に気付いてもらえるようにしたいと話す。時間やお金に追われる暮らしではなく、自分を労われる場所、素晴らしい場所であるという可能性を残していきたい思いだ。

最初に会ったときは柔らかい印象を持っていたが、慎重だけど、やると決めたらやらないと気が済まない、と自身の性格を語り、話を伺う中で芯の強さも持ちあわせているように感じた。人とのつながりを大切に、飯南町で夢を叶えていく姿がこれからも地域にとって良い循環となるように思う。

布の素材によっても違いがある。変化していくことも受け入れて。

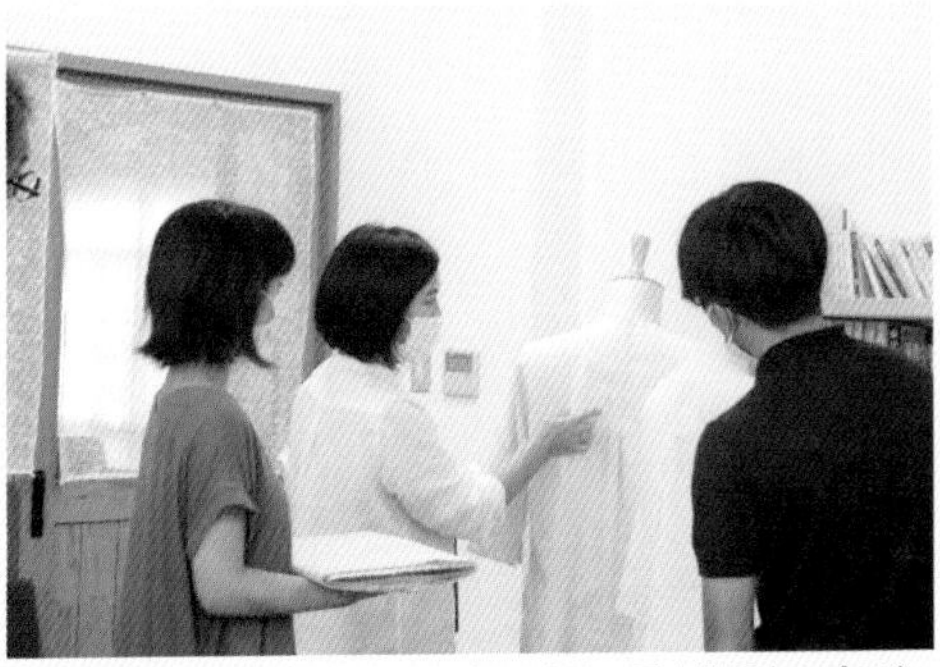

一枚の服を作るのにたくさんの人がかかわる。現在進行中のプロジェクトも楽しみだ。

writer 大上 祥子

2021年に飯南町へUターン。好きなことや日々の暮らしをSNSで発信し始めたことがきっかけで、より飯南町での田舎暮らしを楽しもう！　と思うようになった。山本さんとは「発酵好き」という点でもつながっている。

11

飯南町で究極の「何もしない」をする

あなたは究極に「何もしない」をしたことはありますか。コロナ禍で暇を持て余した私は、飯南町の自然に包まれた究極の「何もしない」をしたことがあります。

それは高原の飯南町でも少し暑さを感じる2021年の5月末でした。私が向かったのは、人里離れた来島湖畔の名も無き小山。レジャー施設の跡地が森に還りつつあり、かつての賑わいはもはや夢のあと。そんな時代の流れの儚さを感じる景趣を尻目に、20kg超えの荷物を背負って黙々と歩く私。「汗水垂らしてまで一体何をしているのか」と我に返らないように。

細い山道を少し歩くと、小山の山頂に到着。来島湖の吸い込まれそうな仄暗い水面と、緑茂り生命力溢れる山々が見渡せました。まずは腰を下ろしてハンモックに横になる。疲れもあったのか立ち上がるのも億劫になり、自然との調和を感じるひと時。淹れたコーヒーと湿った森の香りを感じながら、スピーカーでお気に入りの音楽を流してただただ時間を過ごす。本質的には家の中で自堕落しているのと同じですが、元の世界に戻ることを本能的に拒むような感覚が沸き上がりました。

飯南町は「何もしない」をするに必要な環境で満ちているオープンワールドです。中国山地の静かながらも雄大な自然と澄んだ空気。ここには、煌びやかながらも喧騒な都会の街並みには無い世界が広がっています。

あなたも最高の「何もしない」をしてみてはいかがでしょうか。飯南町ではそんな大自然があなたを待っています。

writer 岡田 季樹

飯南町出身の29歳。「田舎は嫌だ！」と東京で就職。都会の絵の具に染まっていた私ですが、Uターンしてすっかり田舎の泥に塗れました。

ひと

12

まちの板金番長
～これまでの道のり、これからの人生～

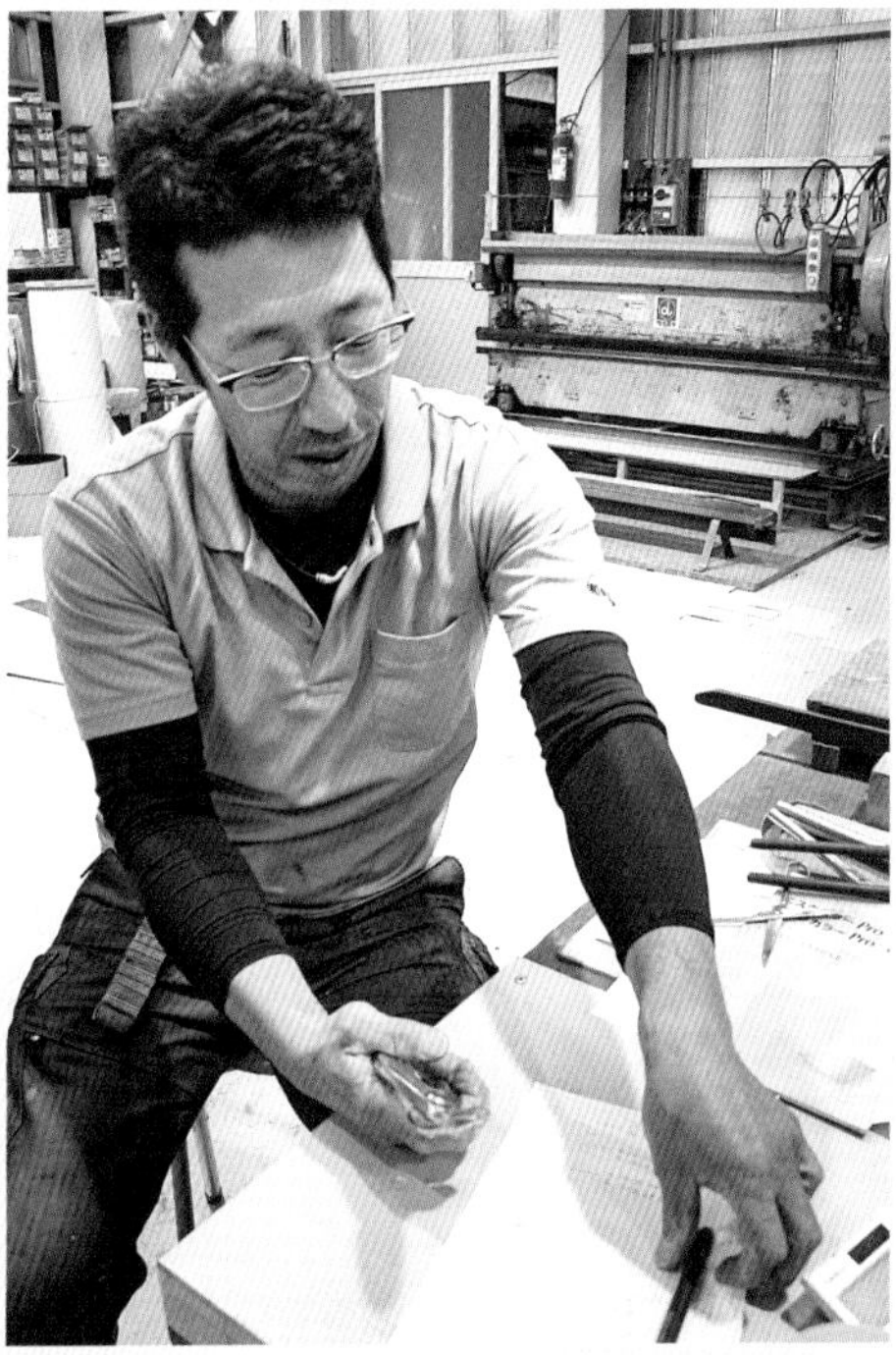

有限会社中山板金の社長の中山直樹さんは、社員や会社のために日々の仕事に打ち込んでいます。板金とは、薄い鉄板を曲げて、壁や屋根を作る仕事です。中山さんは元々設計士でしたが、25歳で地元にUターンし、父親の板金屋の跡を継いでいます。最初は家業を継ぎたくなかったそうですが、「自分でモノを作りたい」と思ったのがきっかけで、22年間、会社を経営しています。

現場でうまくいかず、何度も辞めたいと思ったそうです。仕事を継いだ当初は、取引先などから「板金屋の息子ならできるだろ」と当たり前のように言われて戸惑ったことや、昔はパソコンがなかったため、一からデータを作る作業にとても苦労されています。

中山板金には15人の従業員がいて20～30代が多い職場ですが、この業界で一人前と認められるには早くて7年もかかるそうです。板金の技術は、ほとんどが現場で経験を積みます。中山さんは「50歳くらいまでは現場で仕事をやりたいね」と話していました。

中山さんの趣味の一つはハンドボール。学生時代は飯南高校でハンドボール部に在籍し、奥さんはその時のマネージャー。二人の息子さんも同じ部活でした。従業員に経験者が多いこともあり、島根県内でも2チームしかない実業団チームを結成しています。

今は年間約３００件の仕事をこなし、現場の調整も中山さんがしています。「若い奴らが育って、自分がいなくても、会社が回るようになればいいね。それぞれが独立してくれてもいい」と、笑って話します。

writer 藤原 楓
私は飯南町で生まれ育った住民です。地元の中学校に通っています。小学校の頃から編集の仕事に興味があり、執筆してみることにしました。吹奏楽部でトロンボーンを演奏しています。

とろとろ〜
とろとろ〜

とろへい

小正月の伝統行事

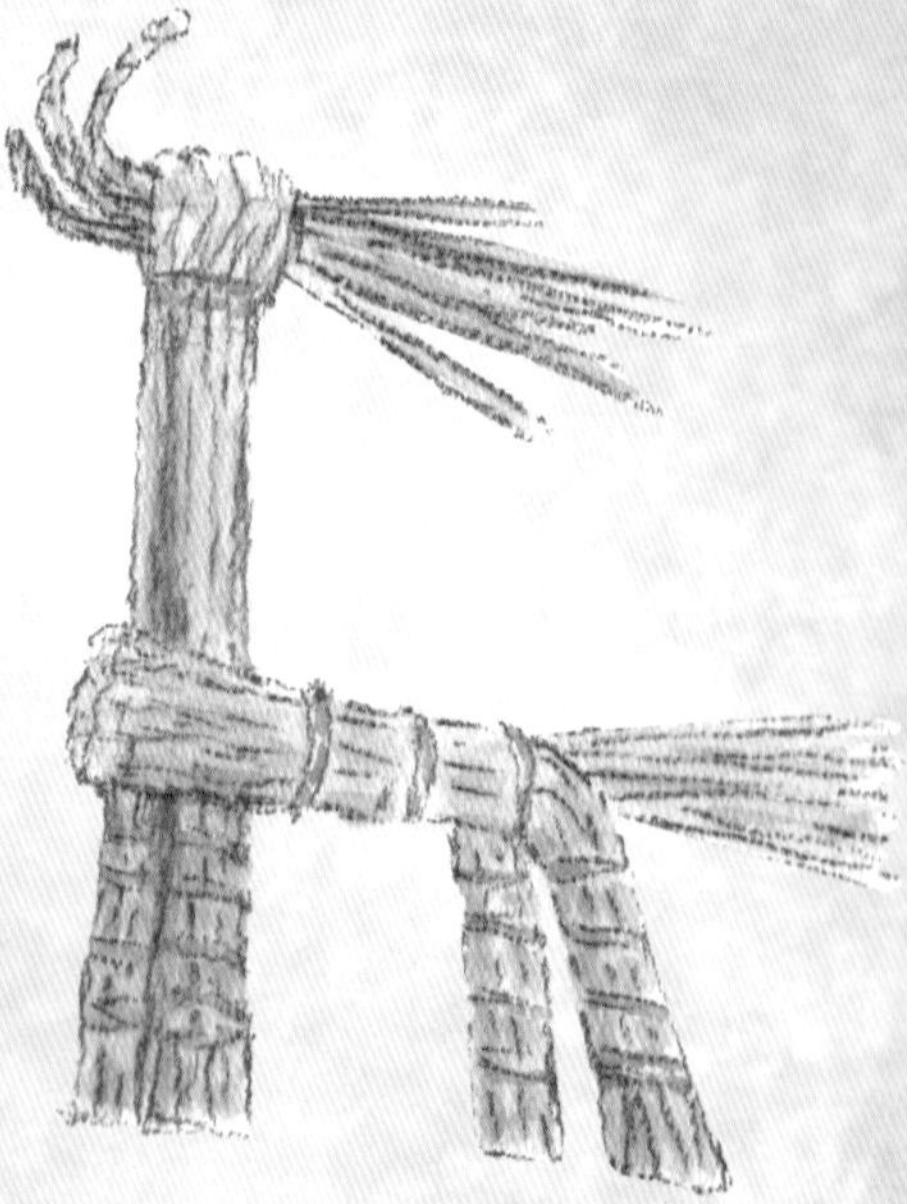

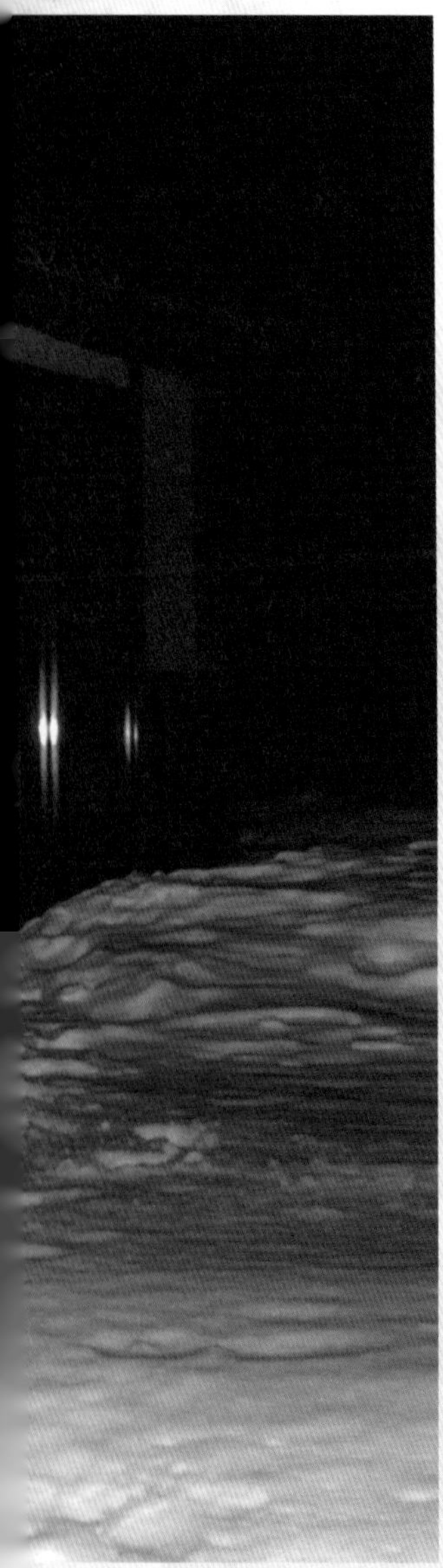

まるで和製ハロウィン。とろとろしてたら水をかけるぞ！

「新しい年の最初の満月の夜。天から福の神が降りてきて人々に幸福を届ける」そんな民俗信仰をもとに、中国地方の山間部で、昔から伝えられてきた伝統行事「とろへい」。島根県飯南町では「とろへい」、広島県三次市や庄原市では「とらへい」、山口県では「トイトイ」、鳥取県では「ホトホト」などとされ、地域によって呼び名も内容も、少しずつ異なるところが興味深い。飯南町の「とろへい」は子どもたちが福を運ぶ使者になり、「とろとろ〜とろとろ〜」と唱えながら地域の家を訪れる。なぜ「とろへい」なのか、その理由は明らかにされていない。

天からの使者となった子どもたちは、ワラで作られた馬「ワラ馬」を縁側に置き物陰に隠れる。ワラ馬が置かれた家の人はワラ馬のお礼に、お菓子やお餅などのお供え物を置く。隠れていた子どもたちは家の人に見つからないようにこっそりとお供え物をとりに戻る。ここまではほとんど「ハロウィン」と同じだが、ここからが一味違っていた。

子どもたちを見つけた家の人は、思いっきり水をかける。容赦なくかける。バケツで水をかける人もいれば、水道からホースで放水する人も。これは嫌がらせではなく「清めの水」で、水にぬれた子どもたちは1年間の無病息災が約束されると伝えられている。ワラ馬は家の守り神として次の年のとんどさんまで大切に保管される。雪深く静かな町も、この日だけは子どもたちの元気な声が響き渡る。かつては飯南町の各地で行われていたが、現在は頓原張戸地区にのみ残っている。

一

ワラ馬を
縁側に置き
物陰に隠れる。

二

家の人は
ワラ馬のお礼に
お菓子などの
お供え物を置く。

三

隠れていた
子どもたちが
お供え物を
こっそり取りに戻ると
それを見つけた
家の人が水をかける。

四

逃げ帰った
子どもたちは
お供え物を
みんなで分け合う。

あぜ道の向こうに。

人の手でつなぐ、美しい日本の原風景。

夏の早朝や、夕暮れ時。飯南町ではあちこちから草刈り機の音が聞こえ、作業する人が見える。重たい草刈り機を担いで広い面積を歩く重労働。炎天下を避けて少しでも涼しい時間帯に行われる。春から夏にかけては草花の生命力も強く、刈ってもすぐに草が伸びてくるので、毎日が草との戦いだという。人口約4，500人ののどかな町では、普段は町民に会わないことも多いけれど、この農繁期は誰もが外で草刈りや農作業をしていて、たくさんの人と顔を合わせるという。

「あー夏だな」

町民は草刈りの光景を見て、季節のめぐりを感じる。段々に田がある斜面の草刈りは特に大変で危険で、足を滑らすと事故につながり、実際に怪我をした人も少なくない。農家には高齢の方も多いため、大げさではなく命がけの作業でもある。

生えている草の向きに合わせて刃を入れる向きを考えたり、背が高くならないクローバーは刈らずに残しておいたりと、刈り方には人それぞれにこだわりがあるという。毎年毎年刈られるためどの農家さんも草刈りスキルが高く、田畑がきれいに刈られるため、少しでも伸びると逆に目に止まってしまうという。

農家の人からすると「しなければいけない」作業の一つかもしれないけれど、そのおかげで美しい景観が保たれている。普段の仕事に加えて時間を作って農地を守る人もいる。少しでも手を抜くと田んぼの風景も自然もガラリと表情を変える。自然は「癒やされる」だけのものではないのだ。

「山々と、田んぼが美しい里山」

飯南町のイメージを聞かれた時、多くの人があげる言葉。それはこの町の人たちが汗水流して支え続けている風景なのだ。

もらう→あげる→またもらう。

おすそわけ合戦

嬉しいも、美味しいも、分かち合う。

「たくさん採れたけん」
「いっぱい作ったけん味見してみて」

玄関先でしょっちゅう繰り広げられる光景がある。畑や農業をしている人の多いここ飯南町では、季節ごとに野菜や果物を近所に配る文化がある。留守から戻ると、玄関にかごに入った野菜や果物がどっさりおいてあることも。メモや連絡がなくても「これはあの人からのおすそわけだ」となんとなく分かり、相手の顔が浮かぶのだそうだ。

間引き菜や新鮮なヤングコーンなど、お店ではなかなか買えないものをもらうことも。間引き菜とは、野菜を育てる際に間引いた若菜のことで、柔らかくあくも少な

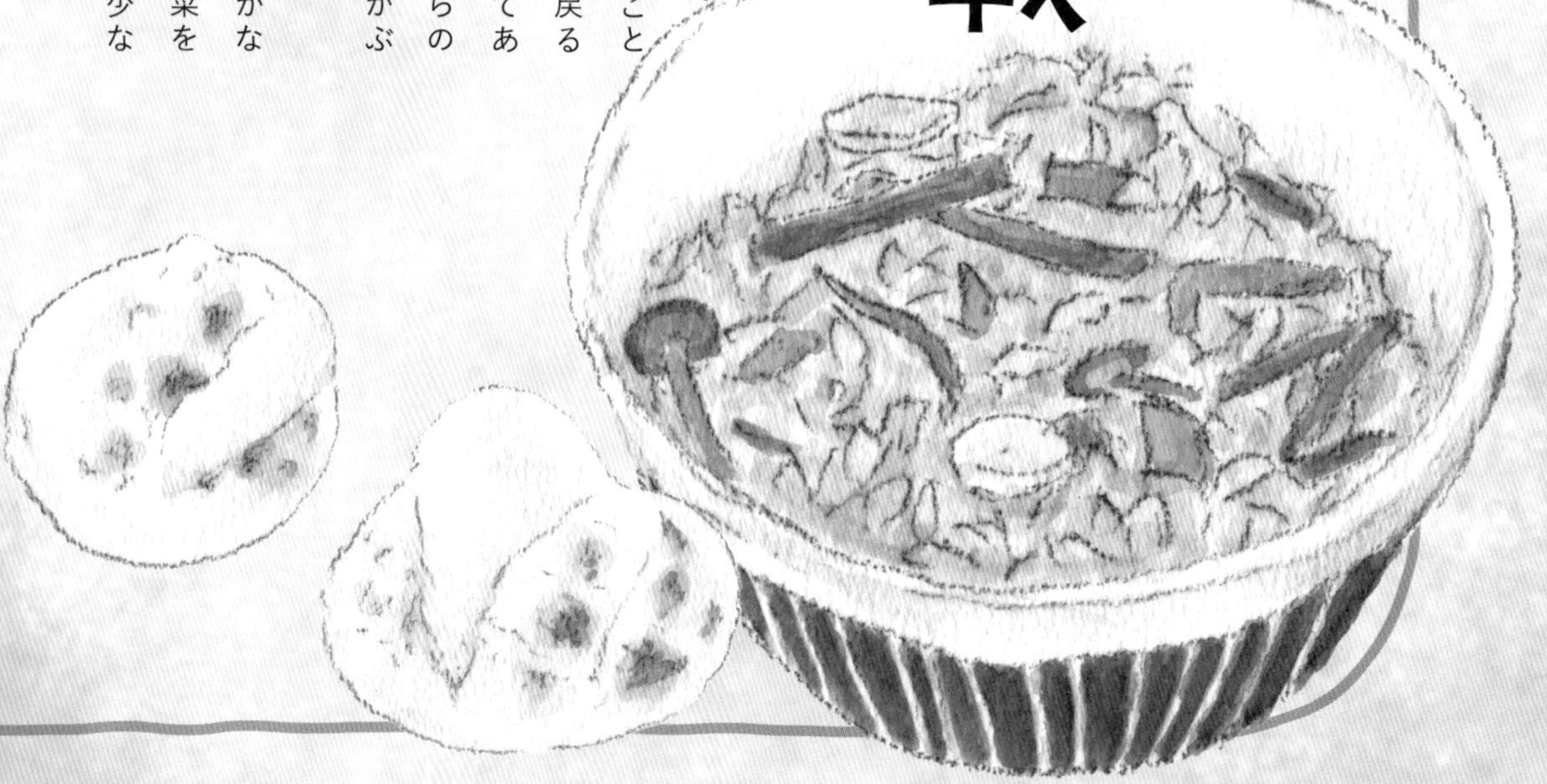

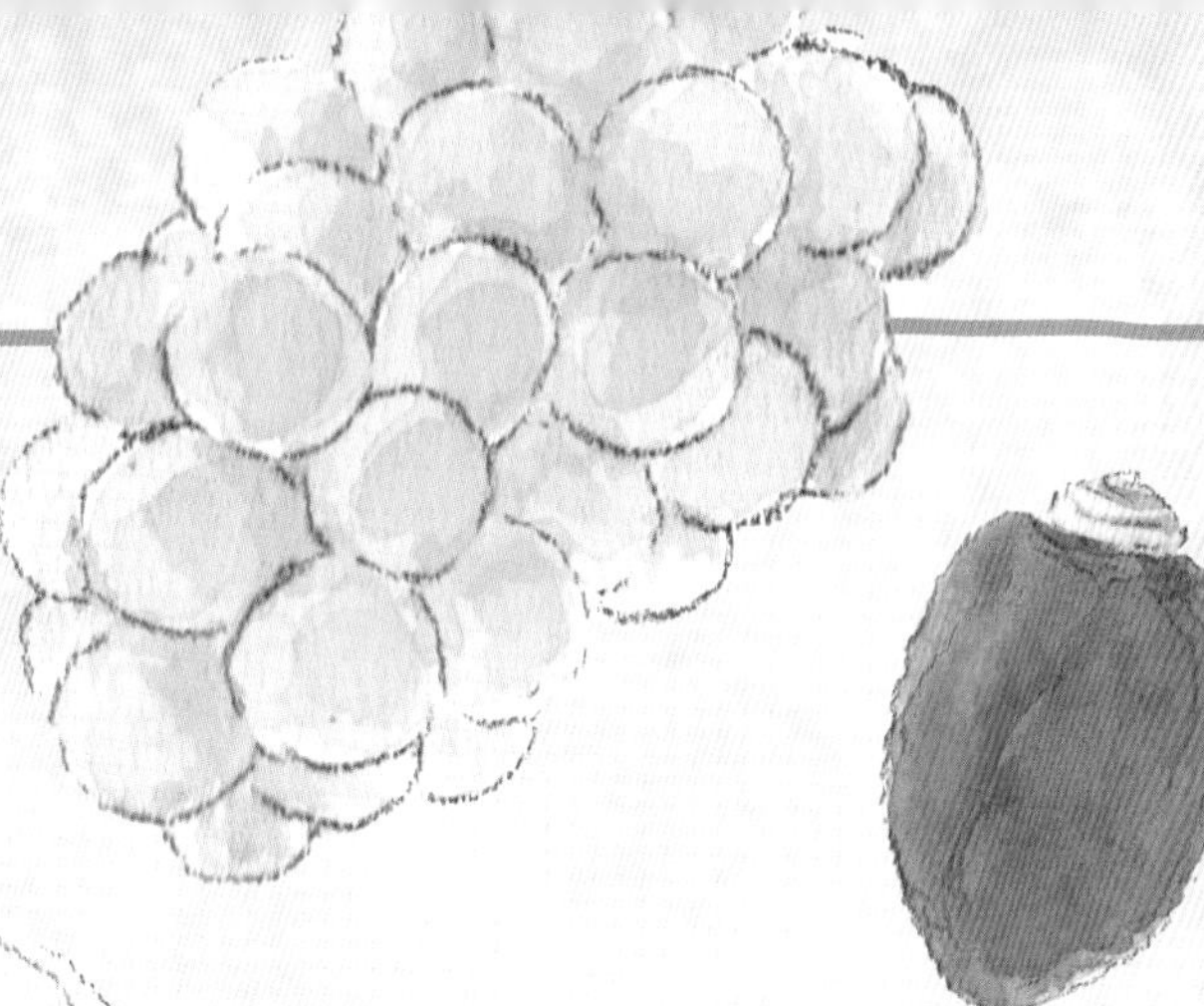

いので食べやすく、養価も高いとされる。高級フルーツであるシャインマスカットを家族に一人一房ずつもらうこともあると言うから驚きだ。

おすそわけは野菜や果物だけに限らない。手作りの山菜おこわや赤飯、つきたてのお餅、さらに自家製の干し柿や、芋からつくられたそのままお刺身で食べられるこんにゃくなど、手間暇かけたおすそわけをいただくこともあるという。

どこかに出荷するわけではないけれど、離れて住む家族や、畑をもたない近所の人へおすそわけをするため?と思うほどたくさんの野菜を育てているおじいさんやおばあさんもいる。この町では分けることが当たり前。ものだけでなく、収穫の喜びや食べる楽しさも、周囲の人と分け合っているのだ。

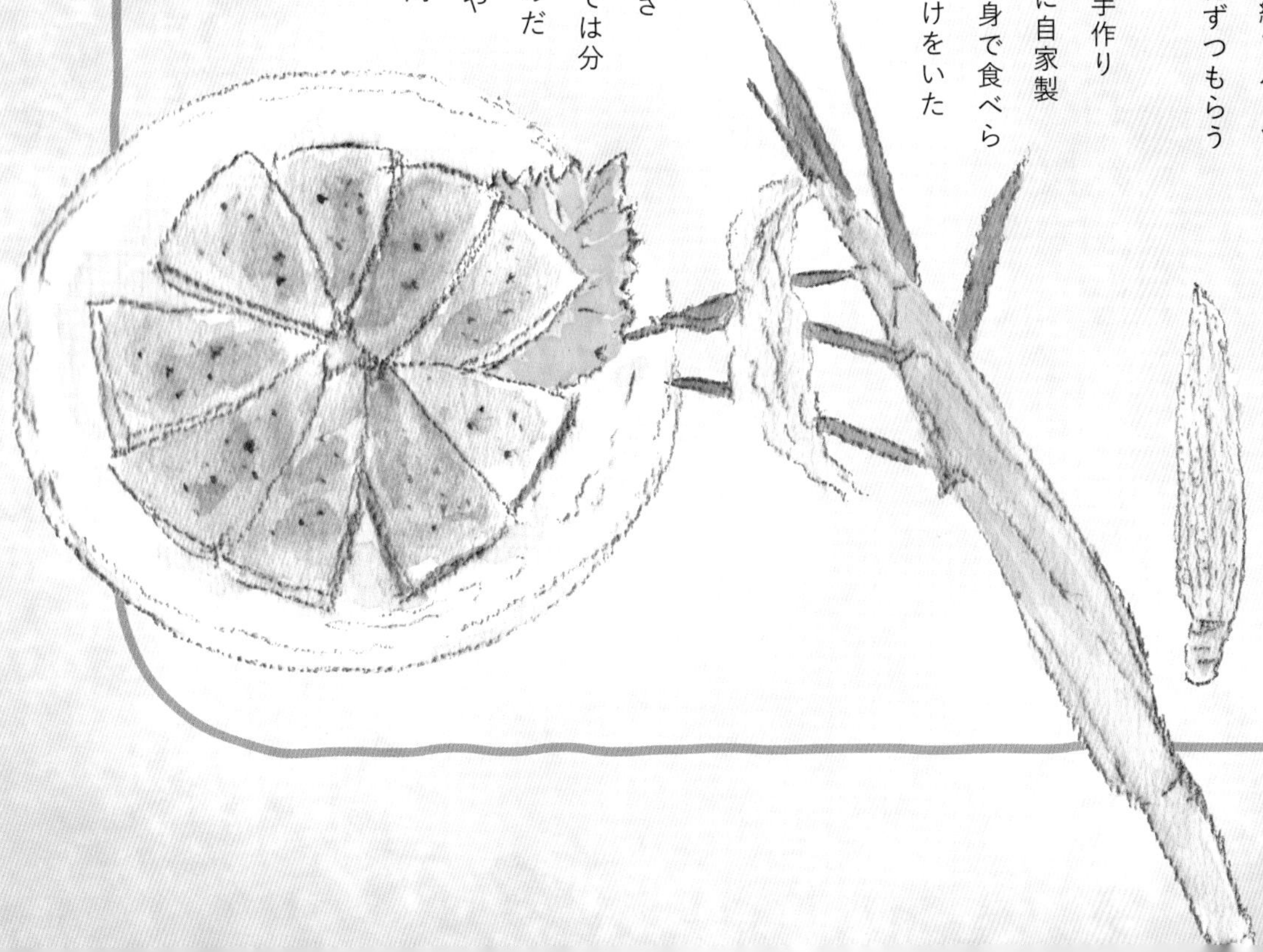

我々はずっと、「研究会」だけん。

【頓原加工研究会】
元農協職員である5人を中心に、100%地元の材料をつかった商品の開発から製造まで手掛けている。かつて保育所だった建物が活動拠点。

はじめての商品。

「過疎脱却には地場産業をつくらんと」。およそ53年前に当時の町長や組合長、大学の教授たちが声をあげ、頓原の町に農業協働組合（以下：農協）の農産加工所が誕生した。当時町では婦人会が熱心に活動をしていて、いくつかの農産加工グループがあり、そこからまず商品化されたのが「味噌」だった。頓原加工研究会の5人が、農協で働いていたころの話だ。

平均年齢80歳のフレッシュチーム。農協では商品の開発者であり、作り手でもあった研究会メンバー。それだけにものづくりへのこだわりや思いも強く、やがて農協を退職した。もともと加工グループに参加していた女性2人に声をかけ、5人で再出発したのが「頓原加工研究会」だ。平均年齢80歳の新たなチャレンジ。実は生まれてまだ2年弱の、なんともフレッシュなチームなのだ。

つくる。つくらない。

研究会が主に今つくっているのが、もち粉と麹。材料はすべて、自分たちでつくったものをはじめ、地元産のものだけ。もちろん添加物は一切入れない。商品にする基準は「健康なもの」と「飯南町ならではのもの」だ。

ちまきや柏餅、お盆に月見など、もち粉をつかう文化が根付く島根だが、最近ではもち米をつくる人も少なくなりつつある。「だからこそもち米は続けたい。いいもち米がある飯南町なら、質のいいもち粉を手頃な価格で出せる」。熱意だけではなく、しっかりと理にかなっているところもこのチームの強さだ。

研究会が手作りする麹や塩麹も、現代のニーズとマッチして松江や出雲を中心に人気がある。「ライバルもおったけどね。勝ち抜いて

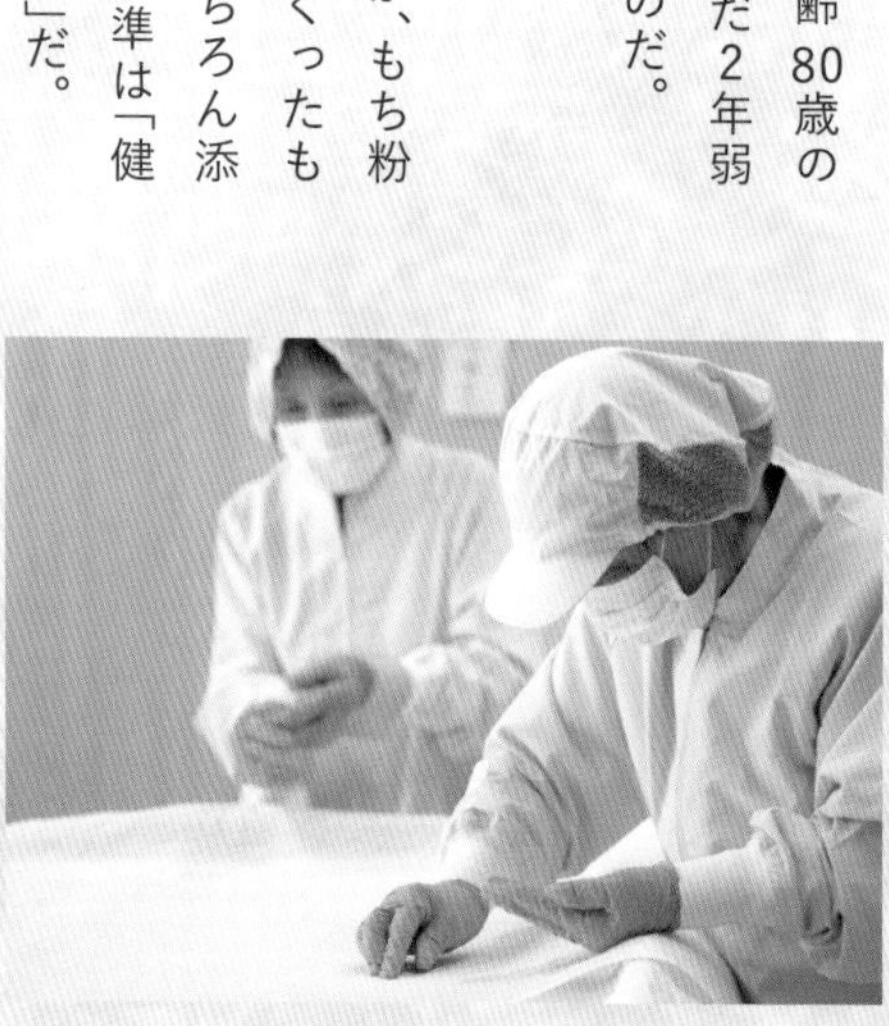

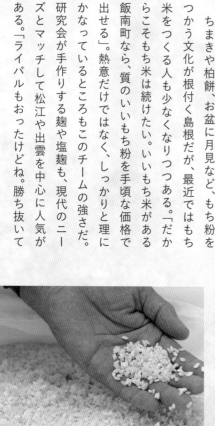

きたよ笑」と少し誇らしげに笑う。

曲げない信念。

「利益だけを追求したら、大事なものをつくることをやめたり、いらんものを材料に入れたりするでしょう。安くなるけど、味は落ちる。それは絶対したくない」。シンプルなことだが、きっと簡単にできることではない。たくさんの経験を積んだ少数精鋭の研究会だからこそ貫ける信念だ。

「研究会」でありつづける。

ピンポン玉のように大粒で甘い、研究会メンバーが育てたピオーネを頬張りながら考える。80歳から新しいことをスタートすることも、新しいものを受け入れ変化することも、きっと簡単なことではない。自分はこんなふうに、熱さと柔らかさを持った80歳になれるだろうか？

「研究会と名付けたのは、次の世代の人が一人でも入ってきてほしいから。知識をつなぎたい。大事なものを守るのは我々じゃなくてもいいけんね。そろそろのんびりしたいわ笑」。研究部員は随時募集中。きっといつまでも研究は終わらない。

子どもたちの必須アイテム

熊《くま》鈴《すず》

熊よけと見守り 顔が見える町ならではの 防犯ベル。

飯南町の子どもたちはみんな、小学校に入ると「熊鈴」を配られる。熊鈴とは熊よけの鈴のことで、自ら人に近寄ってこない熊の習性を利用し、鈴を鳴らし人間の位置を知らせることで遭遇する確率を下げるためのもの。人を守ることに加えて、人と熊の不要な接触や事故を避けることで、熊のことも守っている。山間の自然豊かなこの町は、熊が目撃された時は町内全域に防災無線でアナウンスが流れる。熊や猪などの野生動物と人々の暮らしの距離の近さを実感する。

熊鈴は熊対策用だけでなく、災難時に自分の居場所を知らせたり、背後からの子どもの接近を気づかせる役割も担っている。子どもたちの登下校時は、通学路にリンリンと鈴の音が響き、見守り活動をしている地域の人たちはそれを合図に顔を出す。「いってらっしゃい」「おかえり」「気をつけてね」と声をかけるのは、この町のあたたかい日常

の一つだ。

飯南町では昔からつづく当たり前の光景。けれど、現代において決してどの町でも成り立つことではないのではないだろうか。もし、子どもの居場所が分かることが犯罪につながってしまうような町だったら、熊鈴が防犯とは反対の方向に働くかもしれない。もし、騒音や雑踏で鈴の音の意味がない町だったらどうだろう。町の人達の顔が見えて、みんなで子どもたちを見守るこの町だからこそ、熊鈴文化が生き続けることができるのかもしれない。

そんな町で育つためか、この町の子どもたちは誰にでも挨拶をする。知っている人にはもちろん、知らない人にもお辞儀をして、「おはようございます」「帰りました」と声をかける。中高生は横断歩道を渡った後、車に会釈をする。違う場所からこの町へ来た人はその光景におどろくという。この町には当たり前のように声を掛け合う文化が根付いている。ガイドブックには載らなくても、いつまでも残したいこの町の魅力の一つなのだ。

余白あります。

豊かな山々や、透き通る川、広々とした空に囲まれた風景には、
ワクワクして飛び込みたくなる世界が。
のんびり、ゆっくり時間が流れる暮らしには、
ホッとする心のゆとりが。
いろんな人が協力し合って生み出す、新しい挑戦には、
ドキドキする可能性が。

飯南町、あいてます。

余白ありますっ

YOHAKU ARIMASU
IINANCHO
飯南町

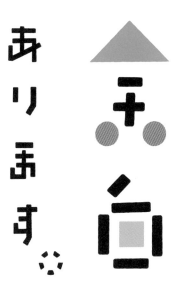

「余白あります。」が創るまち

河井孝仁
東海大学文化社会学部広報メディア学科教授

飯南町が掲げるブランドメッセージ「余白あります。」が大好きです。そして「余白あります。」から作られたブランドロゴは、強い黒と柔らかい色の四角・丸・三角が「入り込める」隙間をもって並んでいます。一目見ただけで惹かれる形と色です。

地域のブランドメッセージは、地域の今と、これからの未来を示す言葉です。飯南町が掲げるブランドメッセージ「余白あります。」は、今の飯南町を示す言葉です。そして、これからの飯南町が目指す町の姿でもあるでしょう。

ブランドロゴにある文字の隙間は、飯南町に入ってくる人、飯南町に入ってくるものを誘い、一方で風通しよく、出入りできることを伝えているようにも思います。

私は「余白」に「可能性」を見ています。ただ空白な場所という意味ではなく、これから活用していくもの、発展できる力を明らかにしています。「余白あります。」は地域の内外に呼びかける言葉であるとともに、町民一人ひとりが、しっかりと噛みしめながら心の内に向かって沁みこませる言葉でもあると思います。

飯南町の持つ大きな可能性を信じる言葉でもあるでしょう。

そうしたことを踏まえて、この言葉はこれからどのように使われるのか。そんなことも考えています。

ブランドメッセージやロゴを「目的語」にする取り組みがあります。つまり「を」の世界です。ブランドメッセージ「を」広げよう。ブランドロゴ「を」チラシに刷ろう。ブランドメッセージ「を」掲げよう。もちろん、こうした思いはブランドメッセージやブランドロゴを大事にしたいという思いから生まれています。ブランドメッセージやブランドロゴを十分に「を」の世界で遊ばせることで、飯南町に住む人や飯南町に訪れる人、飯南町のことを大事に思っている人に、「お！」と思わせましょう。

しかし、ブランドメッセージやブランドロゴを、「を」の世界だけで考えていてはもったいないです。ブランドメッセージやブランドロゴは、「で」の世界でも意味を持ちます。「で」は道具を導く文字だと言ってもいいでしょう。

ブランドメッセージ「で」飯南町

を元気にする。ブランドロゴ「で」飯南町で暮らすことの素敵さを伝える。道具を示す「で」は「を使って」と言い換えることもできます。ブランドメッセージ「を使って」飯南町の未来を考える。そんなことができるのも、「余白あります。」という言葉が、飯南町の今を示し、未来を展望する言葉だからです。

さっそく考えてみませんか。飯南町にはどこに「余白あります。」なんだろう。「ここに見つけた!」。私はその「余白あります。」をどう使おう。「こう使ってみよう」。私はその「余白あります。」をどのように使うことで自分を元気にしよう。「こんなふうに元気になれそうだ」。私の元気を飯南町の元気にして、新しい「余白あります。」を創っていこう。

ブランドメッセージやブランドロゴを道具にするということは、そうした意味も持っています。

また、ブランドメッセージやブランドロゴ「で」自分を振り返ることもできるでしょう。私の暮らしや未来には、どこに可能性としての「余白あります。」が見つけられるだろう。「ここに見つけた!」。私はその可能性としての「余白あります。」をどう実現していこう。「こうやって実現できるかもしれない」。私の未来のために自分の可能性「余白あります。」と飯南町の可能性「余白あります。」を使いこなしていこう。

そんな発想や行動のきっかけの道具にすることができれば飯南町のブランドメッセージ「余白あります。」は十分に意義を持つと考えます。

道具は鍛えていかなければなりません。なまくらな包丁では上手に魚をさばくことも、野菜を切ることもできないでしょう。道具としてのブランドメッセージを鍛えるとは、ブランドメッセージ「余白あります。」に込められた意味を、折に触れて考え、常に更新していくことを意味します。

飯南町に暮らす、飯南町に関わるそれぞれの人にとって「余白」は異なり、飯南町が経ていく時間によって「余白」は変わっていくはずです。私にとっての「余白」はなんだろう、今の飯南町にとっての「余白」とはなんだろう。

日常に忙しい人々が一瞬立ち止まり、そうしたことを考える機会を、地域が作り続けることが大事になります。それによって、道具としてのブランドメッセージの切れ味は保たれ、さらに鋭くさせることになっていきます。

ブランドメッセージやブランドロゴはシティプロモーションの一環として創られ、使われる道具だと考えています。シティプロモーションというと「まちの売り込み」とも捉えられそうですが、私は違う考え方を持っています。

私が時々使う言葉に「シティプロモーションは地域《まち》に真剣《マジ》になる人を増やすことだ」というものがあります。「まちマジ」です。まちマジな人が増えれば飯南町はもっともっと元気で素敵なまちになるでしょう。

しかし、まちマジは「町を自分より大事にする」という意味ではありません。自分をまず大事にすることが、どのように地域《まち》に真剣《マジ》になることに繋がるかを考えるという意図です。

「自分を大事にする」とは「自分は意味のある存在だ」と思うことです。そう考えることで、自分という存在を大事にできるでしょう。自分を大して意味のない存在だと思えば、自分を大事にする気持ちは薄くなってしまうはずです。

「私は何かにとって、誰かにとって意味のある存在だ」。その「何か」「誰か」が飯南町や飯南町に暮らす人・もの、関わる人・ものであれば、嬉しいです。

飯南町や飯南町に関わる人々を幸せにするために参加している私。飯南町や飯南町に関わる人々の素敵さを伝えることのできる私。飯南町や飯南町に関わる人々を幸せにするために思い、動いている人々に感謝し、結果として元気づけている自分。皆が「意味のある存在」です。

そうした人々が飯南町に、元気に、静かに、暮らし、関わりつづける。

「余白あります。」がそうした飯南町をつくる道具になることを期待しています。

私流の飯南地域論

作野広和
島根大学教育学部教授

私は、飯南町が大好きです。

50代のオジサンが、恥ずかしげも無く言い切ってしまえるくらい、飯南町はすばらしい地域です。

飯南町との関わりは、私が島根大学に赴任した1997年までさかのぼります。1998年に島根県中山間地域研究センターが飯南町に設立されたことで、センターの研究員さんと二人三脚の研究を続けてきたことも、飯南町に深く長く関わるきっかけとなりました。飯南町を対象とした本格的な調査を行ったことも、一度や二度ではありません。また、国道54号活性化アクションプラン推進協議会の会長を仰せつかったことは、飯南町との関係を一層強くしてくれました。この協議会は、飯南町の住民、役場、関係組織の皆さんが年6回程度集まり、飯南町の地域づくりについて考え、実践する組織です。10年間にわたって活動を続けてきていますので、メンバーの絆はとても強いです。

2018年7月、飯南町との関わりをより一層確かなものにするために、研究室の分室「飯南ラボ」を飯南町内に設置しました。旧小田小学校校舎をきれいに改修された「ふるさと回想館」の一室をお借りしています。これを契機に、2020年度から来島地区で、2022年度から赤名地区での地域づくり活動を住民の皆様とともに行っています。

飯南町のすばらしさ

しばしば、都市地域在住の方が、非日常を求めて農村地域にドライブや旅行で来られます。その際に発せられるのは「自然が豊か」「食べ物がおいしい」「人がやさしい」といったお決まりのフレーズです。ステロータイプな表現は、いささか食傷気味になるのですが、農村地域の立場からすれば、素直に受け止めるべきでしょう。飯南町にも全く同じ表現があてはまると思います。

以下では、研究者として客観的な立場に立つのではなく、私流に飯南町のすばらしさをまとめます。

第1に、開放的な空間が広がっている点が挙げられます。飯南町においては、概して谷が大きく開き、遠くまで田園風景が広がっています。そして、空が広く見えます。このような地形になったのは、中国山地全体において見られる「隆起準平原」地形であることに加え、たたら製鉄に必要な砂鉄採取のために「かんな流し」が盛んに行われた影響が大きいです。おすすめのポイントは、小田川流域、頓原川流域、花栗川流域、八重山川流域などです。国道54号から一歩入った中小河川の流域は、ほれぼれする空間が広がっています。

第2に、食のすばらしさが挙げられます。神戸川の源流を有する飯南町では、きれいな水に恵まれ、昼夜の寒暖差が大きいことから、圧倒的においしいお米が生産されています。また、舞茸も飯南町を代表する食べ物といえます。そして、個人的に最も強く推薦させていただく食べ物は、「りんご」です。赤来高原観光りんご園では、多くの種類の「りんご」が栽培されていて、シーズンには「りんご」狩りも楽しめます。さらに、飯南町では魅力的な飲食店があることも特徴です。「奥出雲和牛」、「飯南ポーク」、お米、野菜などをおいしく料理して提供して下さるお店が多数あります。また、お蕎麦も絶品です。最近では、「たい焼き」専門店まであります。つきなみな表現ですが、飯南町は「食の宝庫」です。

第3に、おしゃれな建物やお店が多いことを挙げたいと思います。例えば、「道の駅赤来高原」は洋風の外観が目をひきます。店内に入ると、魅力的な空間が広がり、他の道の駅では見ないような商品が美しく陳列されています。近隣の飲食店やホテルも同様です。いずれの建物も、なぜか周囲の農村景観に溶け込んでいて、違和感はありません。そして、店内がおしゃれで、提供される飲食物はとてもおいしいのです。飯南町において、おしゃれな空間が多い理由は、飯南町の人でもわからないと思います。トンネルを越えれば山陽側に出られるとはいえ、トンネルの向こうも飯南町と同じような農村空間が広がっています。私は、飯南町の人たちが生まれながらに有する感覚や素養が、おしゃれ空間を生み出していると考えています。一言で言い表すならば、「来る者拒まず」の感覚だと思います。飯南町は、銀山街道を中心に、人々の往来の結節点に位置しています。外からの風を素直に受け止める気風があるのかもしれません。

以上、飯南町のすばらしさを3点挙げさせていただきました。この他にも、飯南町のすばらしい点は多くあります。例えば、町内唯一の飯南高校は、飯南町立の2つの中学校との連携を強化しています。そのため、町内中学生の多くが飯南高校に進学しますし、県外からの生徒にも人気です。私自身は、飯南町の地域福祉や医療政策にも注目しています。また、中国電力の来島ダムや、国土交通省の志津見ダムがあるなど、飯南町はダムの町でもあります。このように飯南町は地域資源の宝庫で、枚挙に暇がありません。

飯南町を歩いてみると

ところで、飯南町を訪問される方は、自動車かバイクで訪れ、主要なポイントを数カ所巡られるパターンが大半なのではないでしょうか。国道54号は「やまなみ街道サイクリングロード」に設定されていますので、自転車でおいでになられる方も多いかもしれません。これに対して、飯南町を歩いて巡られる方は、決して多くはないのではないでしょうか。飯南町を訪問される皆様には、ぜひとも徒歩で飯南の地を味わってもらいたいと思っています。

まず、飯南町は、琴引山、大万木山など、登山の町としても有名です。また、森林セラピー基地に指定されていますので、「飯南町ふるさとの森」を中心に随所で森林浴が楽しめます。さらに、赤名湿地や赤名観光ぼたん園など、徒歩で巡る名所もあります。近年では、赤名瀬戸山城跡、賀田城跡など、山城巡りに来られる方も増えてきました。このように、飯南町は、歩いて巡るのに適した地域なのです。

私は、飯南町のすばらしさを学生たちに味わってもらうために、授業の一環として学生を飯南町に連れて行っています。ただし、限られた時間で地域を巡り、しかも、授業の目的に合致させた内容にするためには、工夫が必要です。そこで考え出したのが、「まちむらたんけん」です。具体的には、学生たちがいくつかのグループに分かれ、地域住民の皆さんとともに、あらかじめ定められたコースを徒歩で「たんけん」していきます。「たんけん」の時間は1時間半から2時間で行えるように、あらかじめ設定しておきます。「たんけん」から帰ると、学生と地域の皆さんが一緒にお弁当を食べて、「たんけん」をふりかえります。午後には、「たんけん」で発見したことを地図化していきます。そこには、「はっけん」した地域資源が沢山書き込まれますので、それらを活用して地域を元気にしていくアイディアを出していきます。このような一連の作業は、「たんけん、はっけん、ほっとけん」というフレーズとともに、わずか1日で飯南町を濃密に味わうことができるのです。

飯南町が目指すべき方向性

いくら美しく素敵な飯南町であっても、これだけ人口減少や高齢化が続けば、誰もが地域の将来に不安を感じることでしょう。飯南町のような中山間地域では、今後も人口減少は続き、地域は疲弊していくと思われます。しかし、どれだけ地域が疲弊したとしても、飯南町が消滅することはありません。良くも、悪くも、地域とはそのような運命を背負っています。消えることのない飯南町に住み続けるのであれば、少しでも快適な暮らしができるように住民みんなが知恵を出し合い、行動していく必要があります。つまり、「住民主体の地域づくり」を行う必要があると言えます。

具体的には、以下の3点が掲げられます。

第1に、人口減少のカーブを少しでも抑えていく人口対策です。この対策は、これまでも定住政策として行政が積極的に行ってきました。これからは、地域住民が主体となり、人口流出を少しでも抑制するよう各世帯に働きかけたり、空き家を活用して移住者を招き入れたりする必要があります。定住政策を役場任せにしないという点がポイントです。

第2に、人口が減っても豊かに、幸せに暮らせる地域づくりが挙げられます。地域の伝統行事や慣習は地域のアイデンティティにもなっている大切なものとして捉えられます。しかし、全ての行事をこれまで通り行うことは難しいです。地域住民で話し合い、行事や役職の「重要度」と「負担度」から、これからも継続して行っていくことと、とりやめるものとに仕分けをしていく必要があると思われます。地域の負担を軽くし、身の丈にあった形で地域運営を行っていくことが求められます。

第3に、夢のある新しいチャレンジを行うことです。地域の魅力をさらに高め、元気を生み出していくことが求められます。地域の将来に期待感が持てるような地域づくりが求められます。そのためには、各地区（小学校区）レベルで「寄って立つもの」を1つから3つ程度掲げることが第一歩です。例えば、食、農、神楽、コミュニティ、支え合い、建造物等、何でもよいと思います。それらを未来に継続していくことを目標に、地域住民と地域外の人々が協力し合うことが求められます。しばしば、「関係人口」の構築が地域の課題として掲げられますが、「関係人口」に相当する人たちが関わることができるよう、「関わりしろ」を作っていくことが地域の持続につながると思います。

現時点で、飯南町における「住民主体の地域づくり」は十分に行えているとは言えません。その理由は、行政組織が一生懸命がんばってきた結果、住民の主体性が十分に醸成していないからだと思われます。もちろん、飯南町においてすばらしい活動を行われている住民や組織が多数存在していることは承知しております。しかし、それらが点としては存在していても、相互に連携して線となり、複数の線が重なりあって面的な動きにはなり得ていません。今後、飯南町においては個々の点をつなぎあわせるとともに、相互が切磋琢磨し合いながら、大きな「うねり」となることが期待されます。

飯南町は日本一

ご存知の通り、飯南町の「大しめなわ創作館」では出雲大社神楽殿に奉納される大しめ縄が製作されています。この大しめ縄は、大きさや重さなどから名実ともに「日本一」です。私は、飯南町が日本の農村地域で「日本一」だと思っています。「日本一」の農村地域が、いつまでも輝き続けることを願っています。

地域に暮らしているからこそ、伝えられることがある

――ローカルジャーナリストのススメ

田中輝美

島根県立大学地域政策学部准教授

今回、寄稿というご縁をいただいたこともあり、思い切って言わせていただきます。「地域にはローカルジャーナリストが必要だ」と。

ローカルジャーナリスト。この肩書を初めて聞いた方もおられるかもしれません。まずは簡単に説明してみたいと思います。

ローカルジャーナリストは、筆者である田中輝美が2014年、長年勤めた山陰中央新報社を退職し独立する際に新しくつくりました。自分が暮らしている地域を記録し、発信している人のことを指しています。職業的なプロに限りません。

地域の中に暮らす人たちからは、「発信していても伝わっていない」と悩みを相談されます。一方、地域の中の人たちからも外の人たちからも「地域のことをもっと知りたいのに情報がない」と言われます。送り手と受け手の間にミスマッチが起こり、必要な人に地域のことが伝わっていないのではないか。その結果、地域の課題が解決されなかったり、地域のプロジェクトがうまく進まなかったりしているかもしれません。ここをつなぐのがローカルジャーナリストです。

なぜわざわざ新しくつくったのか。これは実体験に基づいています。独立することを告げると、驚くことに、多くの人が「東京に出るんだ。がんばってね」と口にしました。ジャーナリストが東京でしか成

り立たない職業だと思われていたことの裏返しでした。

そこで「立脚点と拠点は変わらず島根である」「島根のニュースをもっと外に届けていきたい」という決意表明を込め、ローカルジャーナリストと名乗ることにしたのです。実際、調べてみると、フリーのジャーナリストは多くが東京に拠点を構えていました。地方に暮らしながら、そのニュースを外に向けて発信している存在は、ほとんど見つかりませんでした。「いないなら、まずは自分がやってみればいいのではないか」。一度きりの人生、挑戦してみようと心が決まりました。ローカルは地域という意味で、一定の地理的なエリアを指していますので、都市にも地方にも地域は存在しますが、島根を拠点にしている私の場合はローカル＝地方専門と言い換えても良いと思います。

当時は、地域の「外」に発信するということを強く意識していました。それは、日本のメディア構造が関係しています。地域の「中」にニュースを届ける役割は、地方紙やローカル局がしっかり果たしてきました。その一方で、地域から外に向けた発信の流れが細すぎるのではないかと、そんな問題意識があったのです。

外に向けた発信は全国紙やテレビのキー局が担ってきましたが、東京から短時間で「旅人」として訪れ、わかりやすい事象を切り取っていくことになります。けっして批判するつもりはありません。旅人だから表現できることがあり、また、地域の人が日常の中で気付かない価値や発見をもたらしてくれることもあります。

繰り返しになりますが、問題なのは、地域から外に向けた発信の流れが細すぎることではないか。旅人だから伝えられることと同じくらい、暮らしているからこそ伝えられることもあるはずです。その流れをもっと太くしたい、その一心でした。とはいえ、その後、インターネットやソーシャルメディアが広がり、地域から発信するメディアや動きが着実に増えてきているなど状況はかなり変わってきています。

よく聞かれる質問のひとつに「ジャーナリストはライターとどう違うのか」というものがあります。あまり難しく考える必要はないと思いますし、さまざまな定義があっていいと思います。そのうえで、私なりに表現すれば、ライターは発注元から依頼を受けて書きますが、そうではなく、自分からニュースを見つけて書くのがジャーナリストです。

良いニュースを伝える、言い換えれば、地域の魅力を発信することはもちろん大切です。一方で、それだけが役割で、住民や地域の批判をしてはいけないのではないかと思う人もいるかもしれませんが、そんなことはありません。

地域にとってあるべき姿ではないことや間違ったことが起こっていれば、それに気づき、地域の課題として指摘し、解決策の提案をすることも大切な役割のひとつです。魅力の発信だけでは地域の課題が解決されないこともありますし、しっかりと問題提起をすることが、結果的に地域のためになるのです。

都市と地方の格差が叫ばれていた時代の地方は、都市に追いつかなくてはならないという思考が中心的で、地方「でも」都市と同じようにできる、ということを目指しがちだったように感じます。しかし、これからは、ここ「だから」できるという価値観が大切になってきます。この冊子も飯南町「だから」できたのだと想像します。都市、地方問わず、ここ「だから」できるメディアがたくさんある社会は、素敵ですよね。

いま各地でローカルジャーナリストが増えてきています。冒頭にも書きましたが、ローカルジャーナリストは、職業的なプロには限っていません。地域を想い、誰かと誰かをつなげたい、伝えたいという人は誰でもなることができます。飯南町をはじめとして、各地でそういう存在が増えれば、地域はもっともっと面白くなります。ぜひあなたも仲間に加わりませんか。

余白

余りを意味する「余」と色の「白」を合わせた熟語。文字どおり「余った白いところ」を表す言葉だ。「必要のない余分なところ」とも言い換えられるかもしれない。英語では「ネガティブスペース」と言うこともあるらしい。なるほど、なんとなく否定的というかマイナスなイメージだ。余白を無くしたい、埋めてしまいたいと感じるのは、こんなことが関係しているのかもしれない。

では、余白は厄介者なのだろうか。ちょっと考えてみる。例えば、この本の誌面が写真や文字、イラストで隙間なく埋め尽くされていたとしたらどうだろう。うん、きっとすごく賑やかだ。ただ、どこに何が書いてあるのか分かりにくいというか、しばらく見ているうちに疲れてしまうということもありそうだ。安っぽく見えたり、焦りや自信の無さのようなものを感じたりもするかもしれない。そう考えると、はなから余白を厄介者として扱うのはもったいない気もしてきた。

そもそも余白とはどういう状態なのだろうか。今、皆さんが読んでいるこのページのこの文字の周りには余白があると思う。そう、ここに文字が書いてあるから余白が見えてくる。つまり余白の認識は、余白以外のものの認知の裏返し。何もない真っ白なだけのところに、余白は生まれないということなのだろう。今ここに存在しているものがあるからこそ、生まれるということか。

それに余白は白色であるとは限らないようにも思う。時間や心のように、目に見えないものにも余白がある。余暇や余裕という言葉にするとわかりやすい。日常に置き換えれば、仕事や勉強、悩みごと、こんなことがあってこそ、余暇や余裕が楽しみだし、遊びたくもなる。たぶん何もない毎日より、余白を感じられる。満たされている訳でもなく、何も無いわけでもない、余っているということは、とても素敵なことなんだと思う。

まちや生活のあちこちにある「余白」。人の遊び心をくすぐる不思議な力を秘めている。自分自身で可能性は無限大だ。

だから「余白」とともに生きていく。いつでも「遊び心」を忘れない。

飯南町まちづくり推進課

企画　飯南町まちづくり推進課

編集　（飯南町まちづくり推進課）
藤原清伸　安部亜裕子
吾郷紘平　米山裕希
（ハーベスト出版）
福田衆一　山本 勝　井上世菜

執筆（敬称略）　井上 望（sog）
二階堂了麻　藤谷さゆり
古賀崇真子　前田由香里
松平ひとみ　前田弘人
大上祥子　門所詠子
永瀬友真　岡田季樹　藤原 楓
河井孝仁　作野広和　田中輝美

写真　七咲友梨

デザイン　（あしたの為のDesign）
安田陽子
錦織愛子　大西美穂子
（谷口印刷）
宮廻由希子　永島千恵子

イラスト　原 知恵子（あしたの為のDesign）

町民記事執筆講座講師
田中理恵（MYTURN）
中尾圭（港の編集室）

印刷　株式会社谷口印刷

P.33
がまぐちがえるのつゆくさじむしょ（フレーベル館）
かげやままき

Special Thanks
大谷美穂&テト　景山良一　塚原隆昭
奥田弘樹　岡田祐也　三島啓太　546
影山邦人（アエラ地域文化デザイン室）

飯南町の皆さん

余白の中で。

2023年4月1日　初版発行

定価1,320円（本体1,200円+税）
Printed in Japan
ISBN　978-4-86456-459-5
C0026　¥1200E

発行　島根県飯南町
〒690-3513 島根県飯石郡飯南町
下赤名880番地
Tel　0854-76-2864
Fax　0854-76-3943
E-mail　machidukuri@iinan.jp
https://www.iinan.jp

販売　ハーベスト出版
島根県松江市東長江町902-59
Tel　0852-36-9059
Fax　0852-36-5889
E-mail　harvest@tprint.co.jp
https://tprint.co.jp/harvest/

本紙掲載の情報は2023年2月までに取材したものです。発行後、データなどが変更になっている場合もありますので、あらかじめご了承ください。